INSTRUÇÃO
REDEMPTIONIS SACRAMENTUM

CONGREGAÇÃO PARA O CULTO DIVINO
E A DISCIPLINA DOS SACRAMENTOS

INSTRUÇÃO
REDEMPTIONIS SACRAMENTUM

SOBRE ALGUNS ASPECTOS QUE SE DEVE
OBSERVAR E EVITAR ACERCA DA
SANTÍSSIMA EUCARISTIA

Paulinas

© Amministrazione del Patrimonio della Santa Sede Apostolica
© Dicastero per la Comunicazione – Libreria Editrice Vaticana, 2004.
Publicação autorizada: © Conferência Nacional dos Bispos do Brasil

Direção-geral: Flávia Reginatto
Editora responsável: Noemi Dariva
Tradução: Euclides Martins Balancin

11ª edição – 2010
11ª reimpressão – 2024

Nenhuma parte desta obra poderá ser reproduzida ou transmitida por qualquer forma e/ou quaisquer meios (eletrônico ou mecânico, incluindo fotocópia e gravação) ou arquivada em qualquer sistema ou banco de dados sem permissão escrita da Editora. Direitos reservados.

Cadastre-se e receba nossas informações
paulinas.com.br
Telemarketing e SAC: 0800-7010081

Paulinas
Rua Dona Inácia Uchoa, 62
04110-020 – São Paulo – SP (Brasil)
📞 (11) 2125-3500
✉ editora@paulinas.com.br

© Pia Sociedade Filhas de São Paulo – São Paulo, 2004

Proêmio

1. Na Santíssima Eucaristia, a Mãe Igreja reconhece com fé firme, acolhe com alegria, celebra e venera com atitude de adoração o sacramento da Redenção,[1] anunciando a morte de Cristo Jesus, proclamando a sua ressurreição, na espera da sua vinda na glória,[2] como Senhor e Soberano invencível, Sacerdote eterno e Rei do universo, para oferecer à majestade divina do Pai onipotente o reino de verdade e de vida.[3]

2. A doutrina da Igreja sobre a Santíssima Eucaristia, na qual está contido todo o bem espiritual da Igreja, ou seja, o próprio Cristo, nossa Páscoa,[4] fonte e ápice[5] de toda a vida cristã, cujo influxo causal está nas próprias origens

---

[1] Cf. Missale Romanum, *ex decreto sacrosancti Oecumenici Concilii Vaticani II instauratum, auctoritate Pauli Pp. VI promulgatum, Ioannis Pauli Pp. II cura recognitum*, editio typica tertia, diei 20 aprilis 2000, Typis Vaticanis, 2002, Missa votiva de Dei misericordia, oratio super oblata, p. 1.159.

[2] Cf. 1Cor 11,26; Missale Romanum. Prex Eucharistica, acclamatio post consecrationem, p. 576; João Paulo II. Carta encíclica *Ecclesia de Eucharistia*, nn. 5, 11, 14, 18, 17 de abril de 2003: AAS 95 (2003), pp. 436, 440-441, 442, 445.

[3] Cf. Is 10,33; 51,22; Missale Romanum. In sollemnitate Domini nostri Iesu Christi, universorum Regis, Praefatio, p. 499.

[4] Cf. 1Cor 5,7; Concílio Ecumênico Vaticano II. Decreto sobre o ministério e a vida sacerdotal, *Presbyterorum ordinis*, n. 5, 7 de dezembro de 1965; João Paulo II. Exortação apostólica *Ecclesia in Europa*, n. 75, 28 de junho de 2003: AAS 95 (2003), pp. 649-719, aqui p. 693.

[5] Cf. Concílio Ecumênico Vaticano II. Const. dogm. sobre a Igreja *Lumen gentium*, n. 11, 21 de novembro de 1964.

da Igreja,[6] foi exposta com cuidadosa solicitude e grande autoridade durante os séculos nos escritos dos Concílios e dos Sumos Pontífices. Além disso, recentemente, na Carta encíclica *Ecclesia de Eucharistia*, o Sumo Pontífice João Paulo II expôs novamente sobre o mesmo assunto alguns aspectos de grande importância para o contexto eclesial da nossa época.[7]

Em particular, a fim de que a Igreja salvaguarde devidamente também nos dias de hoje um tão grande mistério na celebração da sagrada liturgia, o Sumo Pontífice ordenou que esta Congregação para o Culto Divino e a Disciplina dos Sacramentos[8] preparasse, de acordo com a Congregação para a Doutrina da Fé, a presente Instrução, na qual fossem tratadas algumas questões a respeito da disciplina do sacramento da Eucaristia. Portanto, tudo o que aparece nesta Instrução deve ser lido em continuidade com a citada Carta encíclica *Ecclesia de Eucharistia*.

Entretanto, não há aqui a intenção de oferecer o conjunto das normas relativas à Santíssima Eucaristia, e sim retomar nesta Instrução alguns elementos que continuam ainda válidos na normativa já exposta e estabelecida, a fim de reforçar o sentido profundo das normas litúrgicas,[9] e indicar outros que expliquem e completem os anteriores,

---

[6] Cf. João Paulo II. Carta encíclica *Ecclesia de Eucharistia*, n. 21, 17 de abril de 2003: AAS 95 (2003), p. 447.

[7] Cf. ibidem: AAS 95 (2003), pp. 433-475.

[8] Cf. ibidem, n. 52: AAS 95 (2003), p. 468.

[9] Cf. ibidem.

esclarecendo-os aos bispos, mas também aos sacerdotes, aos diáconos e a todos os fiéis leigos, para que cada um os coloque em prática segundo o próprio ofício e as suas possibilidades.

3. As normas contidas nesta Instrução devem ser consideradas como inerentes à matéria litúrgica no âmbito do rito romano e, com as oportunas variantes, dos outros ritos da Igreja latina juridicamente reconhecidos.

4. "Não há dúvida de que a reforma litúrgica do Concílio trouxe grandes vantagens para uma participação mais consciente, ativa e frutuosa dos fiéis no santo sacrifício do altar."[10] Entretanto, "não faltam sombras".[11] Portanto, não podem passar em silêncio os abusos, inclusive de máxima gravidade, contra a natureza da liturgia e dos sacramentos, assim como contra a tradição e a autoridade da Igreja, que não raramente, hoje em nossos dias, em vários âmbitos eclesiais, comprometem as celebrações litúrgicas. Em alguns lugares, os abusos cometidos em matéria litúrgica são da ordem do dia, o que obviamente não pode ser admitido e deve cessar.

5. A observância das normas emanadas pela autoridade da Igreja exige conformidade de pensamento e palavra, dos atos externos e da disposição de ânimo. Evidentemente

---

[10] Ibidem, n. 10: AAS 95 (2003), p. 439.

[11] Ibidem; cf. JOÃO PAULO II. Carta apostólica *Vicesimus quintus annus*, nn. 12-13, 4 de dezembro de 1988: AAS 81 (1989), pp. 909-910; cf. também CONCÍLIO ECUMÊNICO VATICANO II. Constituição sobre a Sagrada Liturgia *Sacrosanctum Concilium*, n. 48, 4 de dezembro de 1963.

uma observância meramente exterior das normas contrastaria com a essência da sagrada liturgia, na qual Cristo quer reunir a sua Igreja para que seja com ele "um só corpo e num só espírito".[12] Portanto, o ato externo deve ser iluminado pela fé e pela caridade que nos unem a Cristo e uns aos outros e geram o amor para com os pobres e os aflitos. Além disso, as palavras e os ritos da liturgia são expressão fiel amadurecida nos séculos dos sentimentos de Cristo e nos ensinam a sentir com ele:[13] conformando a nossa mente com aquelas palavras, elevamos ao Senhor os nossos corações. Tudo o que é dito na presente Instrução procura levar a essa conformidade dos nossos sentimentos com os de Cristo, expressos nas palavras e nos ritos da liturgia.

6. De fato, tais abusos "contribuem para obscurecer a reta fé e a doutrina católica acerca deste admirável sacramento".[14] Desse modo, impede-se também "que os fiéis possam de certo modo reviver a experiência dos dois discípulos de Emaús: 'Abriram-se-lhes os olhos e reconheceram-no'".[15] Diante do poder e da divindade[16] de Deus e do esplendor de sua bondade, particularmente visível no sacramento da Eucaristia, de fato se acrescenta que todos os fiéis nutram e manifestem esse sentido da adorável majestade

---

[12] MISSALE ROMANUM. Prex Eucharistica III, p. 588; cf. 1Cor 12,12-13; Ef 4,4.

[13] Cf. Fl 2,5.

[14] JOÃO PAULO II. Carta encíclica *Ecclesia de Eucharistia*, n. 10: AAS 95 (2003), p. 439.

[15] Ibidem, n. 6: AAS 95 (2003), p. 437; cf. Lc 24,31.

[16] Cf. Rm 1,20.

de Deus, que receberam através da paixão salvífica do Filho Unigênito.[17]

7. Os abusos não raramente se alicerçam num falso conceito de liberdade. Deus, porém, nos concede em Cristo não a ilusória liberdade com base na qual fazemos tudo aquilo que queremos, mas a liberdade por meio da qual podemos fazer aquilo que é digno e justo.[18] Na verdade, isso vale não somente para os preceitos provindos diretamente de Deus, mas também, considerando convenientemente a índole de cada norma, para as leis promulgadas pela Igreja. Daí a necessidade de que todos se conformem com os ordenamentos estabelecidos pela legítima autoridade eclesiástica.

8. Além disso, deve-se notar com grande amargura a presença "aqui e ali de iniciativas ecumênicas que, embora bem-intencionadas, levam a práticas na Eucaristia contrárias à disciplina que serve à Igreja para exprimir a sua fé". Entretanto, "a Eucaristia é um dom demasiado grande para suportar ambigüidades e reduções". Portanto, é oportuno corrigir e definir com maior cuidado alguns elementos, de modo que também nesse âmbito "a Eucaristia continue a resplandecer em todo o fulgor do seu mistério".[19]

---

[17] Cf. MISSALE ROMANUM. Praefatio I de Passione Domini, p. 528.
[18] Cf. JOÃO PAULO II. Carta encíclica *Veritatis splendor*, n. 35, 6 de agosto de 1993: AAS 85 (1993), pp. 1.161-1.162; JOÃO PAULO II. Homilia feita em Camden Yards, n. 7, 9 de outubro de 1995. In: *Insegnamenti di Giovanni Paolo II*. Libreria Editrice Vaticana, 1998, XVII, 2 (1995), p. 788.
[19] Cf. JOÃO PAULO II. Carta encíclica *Ecclesia de Eucharistia*, n. 10: AAS 95 (2003), p. 439.

9. Enfim, os abusos muitas vezes se fundamentam na ignorância, pois ao menos se rejeita aquilo do qual não se percebe o sentido mais profundo, nem se conhece a antigüidade. De fato, a própria Sagrada Escritura fornece "inspiração e espírito" de que são "permeados" plenamente "os hinos e orações e dela as ações e os sinais sagrados derivam o seu significado".[20] Quanto aos sinais visíveis, "dos quais a liturgia se serve para manifestar as coisas divinas invisíveis, foram escolhidos por Cristo e pela Igreja".[21] Afinal, as estruturas e as formas das sagradas celebrações, segundo a tradição de cada rito, seja do Oriente seja do Ocidente, estão em sintonia com a Igreja universal também no que diz respeito aos usos universalmente acolhidos pela ininterrupta tradição apostólica,[22] que é função própria da Igreja transmitir fielmente e com diligência às futuras gerações.

---

[20] Concílio Ecumênico Vaticano II. Constituição sobre a sagrada liturgia *Sacrosanctum Concilium*, n. 24; cf. Congregação para o Culto Divino e a Disciplina dos Sacramentos. Instrução *Varietatis legitimae*, nn. 19 e 23, 25 de janeiro de 1994: AAS 87 (1995), pp. 295-296, 297.

[21] Cf. Concílio Ecumênico Vaticano II. Constituição sobre a sagrada liturgia *Sacrosanctum Concilium*, n. 33.

[22] S. Irineu. *Adversus Haereses*, III, 2: SCh., 211, 24-31; S. Agostinho. *Epistula ad Ianuarium*, 54, 1: PL 33,200: "Illa autem quae non scripta, sed tradita custodimus, quae quidem toto terrarum orbe servantur, datur intelligi vel ab ipsis Apostolis, vel plenariis conciliis, quorum est in Ecclesia saluberrima auctoritas, commendata atque statuta retineri"; João Paulo II. Carta encíclica *Redemptoris missio*, nn. 53-54, 7 de dezembro de 1990: AAS 83 (1991), pp. 300-302; Cong. para a Doutrina a Fé. Carta aos bispos da Igreja Católica sobre alguns aspectos da Igreja entendida como comunhão, *Communionis notio*, nn. 7-10, 28 de maio de 1992: AAS 85 (1993), pp. 842-844; Cong. para o Culto Div. e a Disc. dos Sacramentos. Instrução *Varietates legitimae*, n. 26: AAS 87 (1995), pp. 298-299.

Tudo isso é conservado e salvaguardado com sabedoria pelas normas litúrgicas.

10. A própria Igreja não tem nenhum poder sobre aquilo que foi estabelecido por Cristo e que constitui parte imutável da liturgia.[23] De fato, se fosse rompida a ligação que os sacramentos têm com o próprio Cristo, que os instituiu, e com os eventos sobre os quais a Igreja foi fundada,[24] isso não seria de nenhum auxílio para os fiéis, mas os prejudicaria gravemente. De fato, a sagrada liturgia está intimamente ligada aos princípios da doutrina,[25] e o uso dos textos e ritos não aprovados implica, conseqüentemente, que se enfraqueça ou se perca o nexo necessário entre a *lex orandi* e a *lex credendi*.[26]

11. Demasiado grande é o mistério da Eucaristia "para que alguém possa permitir-se tratá-lo a seu livre-arbítrio, não respeitando seu caráter sagrado nem sua dimensão universal".[27] Quem, ao contrário, mesmo sendo sacer-

---

[23] Cf. CONCÍLIO ECUMÊNICO VATICANO II. Constituição sobre a sagrada liturgia *Sacrosanctum Concilium*, n. 21.

[24] Cf. PIO XII. Constituição apostólica *Sacramentum Ordinis*, 30 de novembro de 1947: AAS 40 (1948), p. 5; S. CONG. PARA A DOUTRINA DA FÉ. Declaração *Inter insigniores*, parte IV, 15 de outubro de 1976: AAS 69 (1977), pp. 107-108; CONG. PARA O CULTO DIV. E A DISC. DOS SACRAMENTOS. Instrução *Varietates legitimae*, n. 25: AAS 87 (1995), p. 298.

[25] Cf. PIO XII. Carta encíclica *Mediator Dei*, 20 de novembro de 1947: AAS 39 (1947), p. 540.

[26] Cf. S. CONG. PARA O CULTO DIV. E OS SACRAMENTOS. Instrução *Inaestimabile donum*, 3 de abril de 1980: AAS 72 (1980), n. 333.

[27] JOÃO PAULO II. Carta encíclica *Ecclesia de Eucharistia*, n. 52: AAS 95 (2003), p. 468.

dote, age desse modo, seguindo as próprias inclinações, lesa a substancial unidade do rito romano, que deve ser tenazmente salvaguardada,[28] e realiza ações que não estão de acordo com a fome e a sede do Deus vivo sentidas hoje pelo povo, nem exerce autêntica atividade pastoral ou correta renovação litúrgica, mas priva os fiéis do seu patrimônio e da sua herança. De fato, atos arbitrários não ajudam em uma efetiva renovação,[29] mas lesam o justo direito dos fiéis à ação litúrgica que é expressão da vida da Igreja segundo a sua tradição e a sua disciplina. Além disso, introduzem elementos de deformação e discórdia na própria celebração eucarística que, de modo eminente e por sua natureza, visa comunicar e realizar admiravelmente a comunhão da vida divina e a unidade do povo de Deus.[30] Deles derivam insegurança doutrinal, perplexidade e escândalo do povo de Deus e, quase inevitavelmente, reações ásperas: todos elementos que em nosso tempo, no qual a vida cristã se demonstra muitas vezes particularmente difícil em razão do

---

[28] Cf. CONCÍLIO ECUMÊNICO VATICANO II. Constituição sobre a sagrada liturgia *Sacrosanctum Concilium*, nn. 4 e 38; Decreto sobre as Igrejas Orientais Católicas *Orientalium Ecclesiarum*, nn. 1, 2, 6; PAULO VI. Constituição apostólica *Missale Romanum*: AAS 61 (1969), pp. 217-222; MISSALE ROMANUM. Institutio Generalis, n. 399; CONG. PARA O CULTO DIV. E A DISC. DOS SACRAMENTOS. Instrução *Liturgiam authenticam*, n. 4, 28 de março de 2001: AAS 93 (2001), pp. 685-726, aqui p. 686.

[29] Cf. JOÃO PAULO II. Exortação apostólica *Ecclesia in Europa*, n. 72: AAS 95 (2003), p. 692.

[30] Cf. JOÃO PAULO II. Carta encíclica *Ecclesia de Eucharistia*, n. 23: AAS 95 (2003), pp. 448-449; SAGRADA CONGREGAÇÃO DOS RITOS. Instrução *Eucharistiam mysterium*, n. 6, 25 de maio de 1967: AAS 59 (1967), p. 545.

clima de "secularização", confundem e entristecem notavelmente muitos fiéis.[31]

12. Todos os fiéis, por sua vez, gozam do direito de ter uma liturgia verdadeira e, de modo particular, uma celebração da santa Missa que seja assim como a Igreja quis e estabeleceu, como prescrito nos livros litúrgicos e em outras leis e normas. Do mesmo modo, o povo católico tem o direito de que se celebre para ele de modo íntegro o sacrifício da santa Missa, em plena conformidade com a doutrina do Magistério da Igreja. Enfim, é direito da comunidade católica que, para ela, se realize a celebração da Santíssima Eucaristia de tal modo que se apresente como verdadeiro sacramento de unidade, excluindo completamente todo tipo de defeitos e gestos que possam gerar divisões e facções na Igreja.[32]

13. Todas as normas e as admoestações expostas nesta Instrução se ligam, embora de vários modos, com a função da Igreja, à qual cabe vigiar sobre a correta e digna celebração desse grande mistério. O último capítulo da presente Instrução trata dos diversos níveis com que cada uma das normas se relaciona com a lei suprema de todo o direito eclesiástico.[33]

---

[31] Cf. S. CONG. PARA OS SACRAMENTOS E O CULTO DIVINO. Instrução *Inaestimabile donum*: AAS 72 (1980), pp. 332-333.

[32] Cf. 1Cor 11,17-34; JOÃO PAULO II. Carta encíclica *Ecclesia de Eucharistia*, n. 52: AAS 95 (2003), pp. 467-468.

[33] Cf. *Código de Direito Canônico*, cân. 1752, 25 de janeiro de 1983.

Capítulo I

A REGULAMENTAÇÃO DA SAGRADA LITURGIA

14. "A regulamentação da liturgia compete unicamente à autoridade da Igreja, isto é, à Sé apostólica e, segundo a norma do direito, aos bispos."[1]

15. O Romano Pontífice, "Vigário de Cristo e Pastor aqui na terra da Igreja universal, em força do seu ofício tem o poder ordinário, supremo, pleno, imediato e universal sobre a Igreja, que pode sempre exercer livremente",[2] inclusive se comunicando com os pastores e fiéis.

16. Compete à Sé apostólica ordenar a sagrada liturgia da Igreja universal, publicar os livros litúrgicos e autorizar suas versões nas línguas correntes, assim como vigiar para que os ordenamentos litúrgicos, especialmente aqueles através dos quais é regulamentada a celebração do Santíssimo Sacrifício da Missa, sejam observados fielmente em todos os lugares.[3]

---

[1] CONCÍLIO ECUMÊNICO VATICANO II. Constituição sobre a sagrada liturgia *Sacrosanctum Concilium*, n. 22, § 1. Cf. *Código de Direito Canônico*, cân. 838, § 1.

[2] Cf. *Código de Direito Canônico*, cân. 331; cf. CONCÍLIO ECUMÊNICO VATICANO II. Constituição dogmática sobre a Igreja *Lumen gentium*, n. 22.

[3] Cf. *Código de Direito Canônico*, cân. 838, § 2.

17. A Congregação para o Culto Divino e a Disciplina dos Sacramentos "ocupa-se de tudo aquilo que, salvo a competência da Congregação para a Doutrina da Fé, cabe à Sé apostólica sobre a regulamentação e a promoção da sagrada liturgia, em primeiro lugar dos sacramentos. Ela incentiva e salvaguarda a disciplina dos sacramentos, especialmente no que diz respeito à válida e lícita celebração destes".

Enfim, "exerce atenta vigilância para que sejam observadas exatamente as disposições litúrgicas, sejam prevenidos abusos e, onde forem descobertos, sejam eliminados".[4] Nesta matéria, segundo a tradição de toda a Igreja, é predominante a solicitude quanto à celebração da santa missa e ao culto que se tributa à Santíssima Eucaristia também fora da missa.

18. Os fiéis têm o direito de que a autoridade eclesiástica regule plena e eficazmente a sagrada liturgia, de modo tal que ela nunca pareça "propriedade privada de alguém, nem do celebrante nem da comunidade na qual se celebram os Mistérios".[5]

1. O bispo diocesano, grande sacerdote do seu rebanho

19. O bispo diocesano, primeiro dispensador dos mistérios de Deus, é moderador, promotor e guarda de toda a

---

[4] João Paulo II. Constituição apostólica *Pastor bonus*, 28 de junho de 1988: AAS 80 (1988), pp. 841-924; aqui arts. 62, 63 e 66, pp. 876-877.

[5] Cf. João Paulo II. Carta encíclica *Ecclesia de Eucharistia*, n. 52: AAS 95 (2003), p. 468.

vida litúrgica na Igreja particular a ele confiada.[6] De fato, "o bispo possui a plenitude do sacramento da Ordem. É chamado 'administrador da graça do sacerdócio supremo'[7] especialmente quando oferece ou cuida que seja oferecida a Eucaristia,[8] que alimenta e faz crescer continuamente a Igreja".[9]

20. De fato, há uma essencial manifestação da Igreja toda vez que se celebra a missa, especialmente na igreja catedral, na "participação plena e ativa de todo o povo de Deus, [...] na mesma oração e em torno do mesmo altar, sob a presidência do bispo, cercado de seu presbitério e de seus ministros".[10] Além disso, toda "celebração legítima da Eucaristia é dirigida pelo bispo, a quem foi confiado o culto da religião cristã, que deve ser prestado a Deus, administrado conforme os preceitos do Senhor e as leis da Igreja, segundo as determinações do bispo, em sua diocese".[11]

---

[6] Cf. Concílio Ecumênico Vaticano II. Decreto sobre a função pastoral dos bispos na Igreja *Christus Dominus*, n. 15, 28 de outubro de 1965; cf. também Constituição sobre a sagrada liturgia *Sacrosanctum Concilium*, n. 41; *Código de Direito Canônico*, cân. 387.

[7] Oração para a consagração episcopal no rito bizantino. In: *Euchologion to mega*. Roma, 1873, p. 139.

[8] Cf. S. Inácio de Antioquia. *Ad Smyrn.* 8,1: ed. F. X. Funk, I, p. 282.

[9] Concílio Ecumênico Vaticano II. Const. dogm. sobre a Igreja *Lumen gentium*, n. 26; cf. S. Cong. dos Ritos. Instrução *Eucharisticum mysterium*, n. 7: AAS 59 (1967), p. 545; cf. também João Paulo II. Exortação apostólica *Pastores gregis*, nn. 32-41, 16 de outubro de 2003; *L'Osservatore Romano*, pp. 6-8, 16 de outubro de 2003.

[10] Cf. Conc. Ecum. Vaticano II. Const. sobre a sagrada liturgia *Sacrosanctum Concilium*, n. 41; cf. S. Inácio de Antioquia. *Ad Magn.*, 7; *Ad Philad.*, 4; *Ad Smyrn.*, 8: ed. F. X. Funk, I, pp. 236, 266, 281; Missale Romanum, Institutio generalis, n. 22; cf. também *Código de Direito Canônico*, cân. 389.

[11] Conc. Ecum. Vaticano II. Const. dogm. sobre a Igreja *Lumen gentium*, n. 26.

21. De fato, "compete ao bispo diocesano, na Igreja que lhe foi confiada, dentro dos limites da sua competência, dar normas relativas à liturgia, às quais todos são obrigados".[12] Entretanto, o bispo vigie sempre para que não se tire a liberdade, prevista pelas normas dos livros litúrgicos, de adaptar, de forma inteligente, a celebração quanto ao edifício sagrado, quanto ao grupo de fiéis, quanto às circunstâncias pastorais, de tal modo que todo o rito sagrado seja efetivamente correspondente à sensibilidade das pessoas.[13]

22. O bispo governa a Igreja particular a ele confiada[14] e é sua função regulamentar, dirigir, encorajar, às vezes também repreender,[15] cumprindo a sagrada função que recebeu mediante a ordenação episcopal,[16] para a edificação do seu rebanho na verdade e na santidade.[17] Que ele mostre o genuíno sentido dos ritos e dos textos litúrgicos e alimente nos sacerdotes, nos diáconos e nos fiéis o espírito da sagrada liturgia,[18] para que todos sejam levados a uma ativa

---

[12] *Código de Direito Canônico*, cân. 838, § 4.

[13] Cf. Cons. ad exsequ. const. lit., Dubium: *Notitiae* 1 (1965), p. 254.

[14] Cf. At 20,28; Conc. Ecum. Vaticano II. Const. dogm. sobre a Igreja *Lumen gentium*, nn. 21 e 27; Decreto sobre a função pastoral dos bispos na Igreja *Christus Dominus*, n. 3.

[15] Cf. S. Cong. para o Culto Divino. Instrução *Liturgicae instaurationes*, 5 de setembro de 1970: AAS 62 (1970), p. 694.

[16] Cf. Conc. Ecum. Vaticano II. Const. dogm. sobre a Igreja *Lumen gentium*, n. 21; Decreto sobre a função pastoral dos bispos na Igreja *Christus Dominus*, n. 3.

[17] Cf. Caeremoniale Episcoporum *ex decreto sacrosancti Oecumenici Concilii Vaticani II instauratum, auctoritate Ioannis Pauli Pp. II promulgatum*, editio typica, diei 14 septembris 1984, Typis Polyglottis Vaticanis, 1985, n. 10.

[18] Cf. *Missale Romanum*. Institutio generalis, n. 387.

e frutífera celebração da Eucaristia,[19] e assegure igualmente que todo o corpo eclesial caminhe unânime, na unidade da caridade, no plano diocesano, nacional, universal.[20]

23. Os fiéis "devem se unir ao bispo como a Igreja a Jesus Cristo e como Cristo ao Pai, para que todos vivam unidos e cheios da glória de Deus".[21] Todos, inclusive os membros dos Institutos de vida consagrada e das Sociedades de vida apostólica, e de todas as associações ou movimentos eclesiais de qualquer tipo, estão sujeitos à autoridade do bispo diocesano em tudo o que se refere à matéria litúrgica,[22] salvo os direitos legitimamente concedidos. Portanto, compete ao bispo diocesano o direito e o dever de vigiar e verificar, quanto à matéria litúrgica, as igrejas e os oratórios localizados em seu território, assim como aquelas fundadas ou dirigidas pelos membros dos institutos mencionados acima, se os fiéis a elas acorrem habitualmente.[23]

24. De sua parte, o povo cristão tem o direito de que o bispo diocesano vigie para que não se insinuem abusos na disciplina eclesiástica, especialmente no que se refere ao ministério da Palavra, à celebração dos sacramentos e dos sacramentais, ao culto de Deus e dos santos.[24]

---

[19] Cf. ibidem, n. 22.
[20] Cf. S. Cong. para o Culto Divino. Instrução *Liturgicae instaurationes*: AAS 62 (1970), p. 694.
[21] Conc. Ecum. Vaticano II. Const. dogm. sobre a Igreja *Lumen gentium*, n. 27; cf. 2Cor 4,15.
[22] Cf. *Código de Direito Canônico*, cân. 397, § 1; 678, § 1.
[23] Cf. ibidem, cân. 683, § 1.
[24] Cf. ibidem, cân. 392.

25. As comissões, os conselhos constituídos pelos bispos, para que contribuam "na promoção da liturgia, da música e da arte sacra na diocese", agirão segundo o pensamento e as diretivas do bispo e terão de contar com a sua autoridade e a sua ratificação para exercer convenientemente a própria tarefa[25] e para que seja mantido o efetivo governo do bispo na sua diocese. Quanto a todos esses grupos, aos outros institutos e a qualquer iniciativa relativa à liturgia, os bispos se perguntem, pois já faz tempo que isso se tornou urgente, se até agora foi frutuosa[26] a atividade deles e avaliem atentamente as correções e melhoramentos que devem ser inseridos na estrutura de seu trabalho,[27] a fim de que encontrem novo vigor. Tenha-se sempre presente que os peritos devem ser escolhidos entre aqueles cuja solidez na fé católica e cuja preparação em matéria teológica e cultural sejam reconhecidas.

2. As Conferências dos Bispos

26. Isso vale também para as comissões atinentes à mesma matéria que, por solicitação do Concílio,[28] são ins-

---

[25] Cf. João Paulo II. Carta apostólica *Vicesimus quintus annus*, n. 21: AAS 81 (1989), p. 917; Conc. Ecum. Vaticano II. Const. sobre a sagrada liturgia *Sacrosanctum Concilium*, nn. 45-46; Pio XII. Carta encíclica *Mediator Dei*: AAS 39 (1947), p. 562.

[26] Cf. João Paulo II. Carta apostólica *Vicesimus quintus annus*, n. 20: AAS 81 (1989), p. 916.

[27] Cf. ibidem.

[28] Cf. Conc. Ecum. Vaticano II. Const. sobre a sagrada liturgia *Sacrosanctum Concilium*, n. 44; Congregação para os Bispos. Carta aos presidentes das Conferências dos Bispos enviada também em nome da Congregação para a Evangelização dos Povos, n. 9, 21 de junho de 1999: AAS 91 (1999), p. 999.

tituídas pela Conferência dos Bispos e cujos membros devem ser bispos e bem distintos dos peritos coadjuvantes. Se o número de membros de uma Conferência Episcopal não é suficiente para que se possa sem dificuldade tirar alguns deles e instituir uma comissão litúrgica, nomeie-se um conselho ou grupo de peritos que, sempre sob a presidência de um bispo, preencha o quanto possível essa tarefa, evitando porém o nome de "comissão de liturgia".

27. A Sé apostólica notificou desde 1970[29] o fim de todas as experiências relativas à celebração da santa Missa e insistiu nesse encerramento em 1988.[30] Portanto, cada bispo e suas Conferências não têm qualquer licença para permitir experiências sobre os textos e sobre qualquer outra coisa que não esteja prescrita nos livros litúrgicos. Para poder fazer, no futuro, tais experiências é necessária a permissão da Congregação para o Culto Divino e a Disciplina dos Sacramentos, dada por escrito e pedida pelas Conferências Episcopais. Tal permissão, porém, não será concedida a não ser por causa grave. Quanto às iniciativas de inculturação em matéria litúrgica, sejam observadas rigorosa e integralmente as normas especificamente estabelecidas.[31]

---

[29] Cf. CONG. PARA O CULTO DIVINO. Instrução *Liturgicae instaurationes*, n. 12: AAS 62 (1970), pp. 692-704, aqui p. 703.

[30] Cf. CONG. PARA O CULTO DIVINO. Declaração sobre as orações eucarísticas e as experiências litúrgicas, 21 de março de 1988: *Notitiae* 24 (1988), pp. 234-236.

[31] Cf. CONG. PARA O CULTO DIVINO E A DISCIPLINA DOS SACRAMENTOS. Instrução *Varietates legitimae*: AAS 87 (1995), pp. 288-314.

28. Todas as normas referentes à liturgia, estabelecidas segundo o direito por uma Conferência Episcopal para o próprio território, devem ser submetidas à *recognitio* da Congregação para o Culto Divino e a Disciplina dos Sacramentos, sem a qual não possuem nenhuma força obrigatória.[32]

3. Os sacerdotes

29. Os sacerdotes, válidos, prudentes e necessários colaboradores da ordem episcopal,[33] chamados a servir ao povo de Deus, formam com o seu bispo um único presbitério,[34] embora destinado a diversas funções. "Associados fiel e generosamente ao bispo, tornam-no de certa maneira presente em todos os lugares em que se reúnem com os fiéis, participam de suas funções e preocupações no exercício cotidiano da pastoral". E "os sacerdotes devem tratar o bispo como sendo realmente pai e a ele obedecer com respeito".[35]

---

[32] Cf. *Código de Direito Canônico*, cân. 838, § 3; S. Congregação dos Ritos. Instrução *Inter Oecumenici*, n. 31, 26 de setembro de 1964: AAS 56 (1964), p. 883; Cong. para o Culto Divino e a Disciplina dos Sacramentos. Instrução *Liturgiam authenticam*, nn. 79-80: AAS 93 (2001), pp. 711-713.

[33] Cf. Conc. Ecum. Vaticano II. Decreto sobre o ministério e a vida sacerdotal. *Presbyterorum ordinis*, n. 7, 7 de dezembro de 1965; Pontificale Romanum, ed. 1962: Ordo consecrationis sacerdotalis, in Praefatione; Pontificale Romanum *ex decreto sacrosancti Oecumenici Concilii Vaticani II renovatum, auctoritate Pauli Pp. VI editum, Ioannis Pauli Pp. II cura recognitum*: De Ordinatione Episcopi, presbyterorum et diaconorum, editio typica altera, diei 29 iunii 1989, Typis Polyglotis Vaticanis, 1990, cap. II, de Ordin. Presbyterorum, Praenotanda, n. 101.

[34] Cf. S. Inácio de Antioquia. *Ad Philad.*, 4: ed. F. X. Funk, I, p. 266; S. Cornélio I, citado por S. Cipriano. *Epist.* 48, 2: ed. G. Hartel, III, p. 610.

[35] Conc. Ecum. Vaticano II. Const. dogm. sobre a Igreja *Lumen gentium*, n. 28.

Além disso, "sempre atentos ao bem dos filhos de Deus, procurem se empenhar no trabalho pastoral de toda a diocese e, até mesmo, de toda a Igreja".[36]

30. É grande a responsabilidade "que têm na celebração eucarística, sobretudo os sacerdotes, aos quais compete presidi-la *in persona Christi*, assegurando um testemunho e um serviço de comunhão não somente para a comunidade que participa diretamente da celebração, mas também para a Igreja universal, sempre mencionada na Eucaristia. Infelizmente, é preciso lamentar que, sobretudo a partir dos anos da reforma litúrgica pós-conciliar, devido a ambíguo sentido de criatividade e de adaptação, não faltaram abusos, que foram motivo de sofrimento para muitos".[37]

31. Em coerência com o que prometeram no rito da sagrada ordenação e renovado de ano em ano durante a Missa do Crisma, os sacerdotes celebrem "devotamente e com fé os mistérios de Cristo em louvor a Deus e santificação do povo cristão, segundo a tradição da Igreja, especialmente no sacrifício da Eucaristia e no sacramento da reconciliação".[38] Não esvaziem o significado profundo do próprio ministério, deformando a celebração litúrgica com

---

[36] Cf. ibidem.

[37] João Paulo II. Carta encíclica *Ecclesia de Eucharistia*, n. 52; cf. n. 29: AAS 95 (2003), pp. 467-468; 452-453.

[38] Pontificale Romanum. De Ordinatione Episcopi, presbyterorum et diaconorum, editio typica altera: De Ordinatione presbyterorum, n. 124; cf. Missale Romanum. Feria V in Hebdomada Sancta: ad Missam chrismatis, Renovatio promissionum sacerdotalium, p. 292.

mudanças, reduções ou acréscimos arbitrários.[39] De fato, como diz santo Ambrósio: "A Igreja não é ferida em si mesma [...] mas em nós. Portanto, cuidemos para não fazer com que os nossos erros se transformem numa ferida para a Igreja".[40] Logo, cuide-se para que a Igreja de Deus não receba ofensa por parte dos sacerdotes, os quais se ofereceram ao ministério com tanta solenidade. Ao contrário, vigiem fielmente sob a autoridade dos bispos, para que tais deformações não sejam cometidas por outros.

32. "Cuide o pároco para que a Santíssima Eucaristia seja o centro da comunidade paroquial dos fiéis, empenhe-se para que os fiéis se alimentem com a devota celebração dos sacramentos e, de modo especial, que se aproximem freqüentemente do sacramento da Santíssima Eucaristia e da penitência. Esforce-se também para que sejam levados a fazer oração em família, e participem consciente e ativamente da sagrada liturgia. Sob a autoridade do bispo diocesano, o pároco deve dirigir a liturgia em sua paróquia e é obrigado a cuidar para que nela não se introduzam abusos".[41] Embora seja oportuno que na preparação eficaz das celebrações litúrgicas, especialmente da santa Missa, ele seja ajudado por vários fiéis, não deve porém de modo algum conceder-lhes prerrogativas em matéria que são próprias do seu ofício.

---

[39] Cf. CONC. ECUM. DE TRENTO. Sessão VII, 3 de março de 1547; Decreto sobre os Sacramentos, cân. 13: DS 1613; CONC. ECUM. VATICANO II. Const. sobre a sagrada liturgia *Sacrosanctum Concilium*, n. 22; PIO XII. Carta encíclica *Mediator Dei*: AAS 39 (1947), pp. 544, 546-547, 562; *Código de Direito Canônico,* cân. 846, § 1; MISSALE ROMANUM. *Institutio Generalis*, n. 24.

[40] S. AMBRÓSIO. *De Virginitate*, n. 48: PL 16,278.

[41] *Código de Direito Canônico*, cân. 528, § 2.

33. Enfim, "cultivem os sacerdotes a ciência e arte litúrgicas, para que seu ministério junto às comunidades que lhes são confiadas seja cada dia mais perfeito no louvor a Deus Pai, Filho e Espírito Santo".[42] Sobretudo, sejam embebidos daquela maravilha e admiração que a celebração do mistério pascal na Eucaristia provoca no coração dos fiéis.[43]

4. Os diáconos

34. Os diáconos, "os quais recebem a imposição das mãos para o serviço, não para o sacerdócio",[44] homens de boa reputação,[45] devem agir, com a ajuda de Deus, de tal modo que sejam reconhecidos como verdadeiros discípulos daquele[46] "que não veio para ser servido, mas para servir",[47] e esteve entre seus discípulos "como aquele que serve".[48] E fortificados pelo dom do Espírito Santo recebido mediante a imposição das mãos, sirvam o povo de Deus em comunhão com o bispo e o seu presbitério.[49] Considerem, por

---

[42] CONC. ECUM. VATICANO II. Decreto sobre o ministério e a vida sacerdotal *Presbyterorum ordinis*, n. 5.

[43] Cf. JOÃO PAULO II. Carta encíclica *Ecclesia de Eucharistia*, n. 5: AAS 95 (2003), p. 436.

[44] CONC. ECUM. VATICANO II. Const. dogm. sobre a Igreja *Lumen gentium*, n. 29; cf. *Constitutiones Ecclesiae Aegypticae*, III, 2: ed. F. X. Funk, *Didascalia*, II, p. 103; *Statuta Ecclesiae Ant.*, 37-41: ed. D. Mansi 3, 954.

[45] Cf. At 6,3.

[46] Cf. Jo 13,35.

[47] Mt 20,28.

[48] Cf. Lc 22,27.

[49] Cf. EPISCOPORUM, n. 9 e 23. Cf. CONC. ECUM. VATICANO II. Const. dogm. sobre a Igreja *Lumen gentium*, n. 29.

isso, o bispo como pai e o auxiliem e ao seu presbitério "no ministério da Palavra, do altar e da caridade".[50]

35. Jamais descuidem de "guardar o mistério da fé, como diz o Apóstolo, graças a uma consciência pura[51] para anunciarem tal fé com as palavras e as obras, segundo o Evangelho e a tradição da Igreja",[52] servindo de todo o coração fielmente e com humildade a sagrada liturgia como fonte e ápice da vida da Igreja, a fim de que "todos, como filhos de Deus, pela fé e pelo batismo, se reúnam para louvar a Deus na Igreja, participando do sacrifício e da ceia do Senhor".[53] Portanto, todos os diáconos, no que lhes diz respeito, empenhem-se em fazer com que a sagrada liturgia seja celebrada segundo as normas dos livros litúrgicos devidamente aprovados.

---

[50] Cf. PONTIFICALE ROMANUM. De Ordinatione Episcopi, presbyterorum et diaconorum, editio typica altera, cap. III, *De Ordinatione diaconorum*, n. 199.

[51] Cf. 1Tm 3,9.

[52] Cf. PONTIFICALE ROMANUM. De Ordinatione Episcopi, presbyterorum et diaconorum, editio typica altera, cap. III, *De Ordinatione diaconorum*, n. 200.

[53] CONC. ECUM. VATICANO II. Const. sobre a sagrada liturgia *Sacrosanctum Concilium*, n. 10.

Capítulo II

A PARTICIPAÇÃO DOS FIÉIS LEIGOS NA CELEBRAÇÃO DA EUCARISTIA

1. Uma participação ativa e consciente

36. A celebração da missa, como ação de Cristo e da Igreja, é o centro de toda a vida cristã para a Igreja tanto universal quanto particular, e para cada um dos fiéis,[1] "interessando a cada um dos membros de maneira diversa, segundo a variedade das ordens, das funções e da participação efetiva.[2] Desse modo, o povo cristão, 'gente escolhida, sacerdócio régio, nação santa, povo que Deus conquistou',[3] manifesta a própria coerente e hierárquica ordem."[4]

---

[1] Cf. ibidem, n. 41; Conc. Ecum. Vaticano II. Const. dogm. sobre a Igreja *Lumen gentium*, n. 11; Decreto sobre o ministério e a vida sacerdotal *Presbyterorum ordinis*, nn. 2, 5, 6; Decreto sobre a função pastoral dos bispos na Igreja *Christus Dominus*, n. 30; Decreto sobre o ecumenismo *Unitatis redintegratio*, n. 15, 21 de novembro de 1964; S. Congregação dos Ritos. Instrução *Eucharisticum mysterium*, nn. 3 e 6: AAS 59 (1967), pp. 542, 544-545; Missale Romanum. Institutio Generalis, n. 16.

[2] Cf. Conc. Ecum. Vaticano II. Const. sobre a sagrada liturgia *Sacrosanctum Concilium*, n. 26; Missale Romanum. *Institutio Generalis*, n. 91.

[3] 1Pd 2,9; cf. 2,4-5.

[4] Missale Romanum. *Institutio Generalis*, n. 91; cf. Conc. Ecum. Vaticano II. Const. sobre a sagrada liturgia *Sacrosanctum Concilium*, n. 14.

"Há uma diferença de essência e não apenas de grau entre o sacerdócio comum dos fiéis e o sacerdócio ministerial ou hierárquico. Contudo, ambos participam a seu modo do mesmo sacerdócio de Cristo e mantêm, por isso, estreita relação entre si".[5]

37. Todos os fiéis, libertados dos próprios pecados e incorporados na Igreja através do batismo, pelo caráter impresso neles estão habilitados ao culto da religião cristã,[6] a fim de que, em virtude do seu sacerdócio régio,[7] perseverando na oração e louvando a Deus,[8] se manifestem como vítima viva, santa, agradável a Deus e comprovada em todas as suas ações,[9] dêem em todos os lugares testemunho de Cristo e a quem a pedir dêem razão da própria esperança de vida eterna.[10]

Portanto, também a participação dos fiéis na celebração da Eucaristia e dos outros ritos da Igreja não pode ser reduzida a mera presença, muito menos passiva, mas deve ser considerada um verdadeiro exercício da fé e da dignidade batismal.

---

[5] CONC. ECUM. VATICANO II. Const. dogm. sobre a Igreja *Lumen gentium*, n. 10.

[6] Cf. S. TOMÁS DE AQUINO. *Summa Theologica*, III, q. 63, a. 2.

[7] Cf. CONC. ECUM. VATICANO II. Const. dogm. sobre a Igreja *Lumen gentium*, n. 10; cf. JOÃO PAULO II. Carta encíclica *Ecclesia de Eucharistia*, n. 28: AAS 95 (2003), p. 452.

[8] Cf. At 2,42-47.

[9] Cf. Rm 12,1.

[10] Cf. 1Pd 3,15; 2,4-10.

38. A ininterrupta doutrina da Igreja sobre a natureza não apenas comensal, mas também e sobretudo sacrificial da Eucaristia, deve ser justamente considerada como um dos principais critérios para uma plena participação de todos os fiéis num tão grande sacramento.[11] "Despojado de seu valor sacrificial, [o mistério] é vivido como se em nada ultrapassasse o sentido e o valor de um encontro fraterno ao redor da mesa."[12]

39. Para promover e salientar a participação ativa, a recente reforma dos livros litúrgicos incentivou, segundo as intenções do Concílio, as aclamações do povo, as respostas, a salmodia, as antífonas, os cantos, assim como as ações ou os gestos e a atitude do corpo, e providenciou para que seja observado no devido tempo o sagrado silêncio, prevendo nas rubricas também as partes que competem aos fiéis.[13] Além disso, é dado amplo espaço a uma apropriada liberdade de adaptação fundamentada no princípio de que toda celebração corresponda às necessidades, à capacidade, à preparação do espírito e à índole dos participantes, segundo as faculdades estabelecidas pelas normas litúrgicas. Na escolha dos cantos, das músicas, das orações e das leituras bíblicas, ao fazer a homilia, ao compor a oração dos fiéis, ao dar os avisos e ao ornamentar conforme os diversos

---

[11] Cf. João Paulo II. Carta encíclica *Ecclesia de Eucharistia*, nn. 12-18: AAS 95 (2003), pp. 441-445; idem. Carta *Dominicae Cenae*, n. 9, 24 de fevereiro de 1980: AAS 72 (1980), pp. 129-133.

[12] João Paulo II. Carta encíclica *Ecclesia de Eucharistia*, n. 10: AAS 95 (2003), p. 439.

[13] Cf. Conc. Ecum. Vaticano II. Const. sobre a sagrada liturgia *Sacrosanctum Concilium*, nn. 30-31.

tempos a igreja, há ampla possibilidade de introduzir em cada celebração uma certa variedade que contribua para tornar mais evidente a riqueza da tradição litúrgica e para conferir cuidadosamente uma conotação particular à celebração, levando em conta as exigências pastorais, para que seja favorecida a participação interior. Contudo, recorda-se que a eficácia das ações litúrgicas não consiste na contínua modificação dos ritos, mas no aprofundamento da Palavra de Deus e do mistério celebrado.[14]

40. Entretanto, embora a celebração da liturgia possua sem dúvida nenhuma a conotação de participação ativa de todos os fiéis, não se segue daí, como dedução lógica, que todos devam materialmente realizar alguma coisa além dos previstos gestos e comportamentos do corpo, como se cada um tivesse de necessariamente cumprir uma específica tarefa litúrgica. A esse respeito, a formação catequética procure com zelo corrigir noções e usos superficiais difundidos em alguns lugares nos últimos anos e despertar sempre nos fiéis um renovado sentido de grande admiração diante da profundidade desse mistério de fé que é a Eucaristia, em cuja celebração a Igreja passa "do velho para o novo" ininterruptamente.[15] De fato, na celebração da Eucaristia, como também em toda a vida cristã, que dela tira força e para ela tende, a Igreja, como são Tomé Apóstolo, se prostra

---

[14] Cf. S. Cong. para o Culto Divino. Instrução *Liturgicae instaurationes*, n. 1: AAS 62 (1970), p. 695.

[15] Cf. Missale Romanum. Feria secunda post Dominica V in Quadragesima, *Collecta*, p. 258.

em adoração diante do Senhor crucificado, morto, sepultado e ressuscitado "na grandeza do seu divino esplendor e exclama eternamente: 'Meu Senhor e meu Deus!'"[16]

41. Para incentivar, promover e alimentar o sentido interior da participação litúrgica, são particularmente úteis a celebração assídua e extensa da Liturgia das Horas, o uso dos sacramentais e os exercícios da piedade popular cristã. Tais exercícios que, "embora a rigor de direito não pertençam à sagrada liturgia, são de fato providos de particular importância e dignidade", devem ser considerados, sobretudo quando elogiados e aprovados pelo próprio Magistério,[17] como dotados de alguma ligação com o contexto litúrgico, como o é especialmente a oração do rosário.[18] Além disso, tais obras de piedade orientam o povo cristão à participação dos sacramentos, e de modo particular à Eucaristia, "assim como à meditação dos mistérios da nossa redenção e à imitação dos insignes exemplos dos santos no céu, elas então nos tornam participantes do culto litúrgico e são de ajuda à salvação".[19]

---

[16] João Paulo II. Carta apostólica *Novo Millennio ineunte*, n. 21, 6 de janeiro de 2001: AAS 93 (2001), p. 280; cf. Jo 20,28.

[17] Cf. Pio XII. Carta encíclica *Mediator Dei*: AAS 39 (1947), p. 586; cf. também Conc. Ecum. Vaticano II. Const. dogm. sobre a Igreja, *Lumen gentium*, n. 67; Paulo VI. Exortação apostólica *Marialis cultus*, n. 24, 11 de fevereiro de 1974: AAS 66 (1974), pp. 113-168, aqui p. 134; Cong. para o Culto Divino e a Disc. dos Sacramentos. *Diretório sobre a piedade popular e liturgia*, 17 de dezembro de 2001.

[18] Cf. João Paulo II. Carta apostólica *Rosarium Virginis Mariae*, 16 de outubro de 2002: AAS 95 (2003), pp. 5-36.

[19] Pio XII. Carta encíclica *Mediator Dei*: AAS 39 (1947), pp. 586-587.

42. É preciso compreender que a Igreja não se reúne por vontade humana, mas é convocada por Deus no Espírito Santo, e responde através da fé à sua vocação gratuita: o termo *ekklesia*, de fato, remete a *klesis*, que significa "chamado".[20] O sacrifício eucarístico não deve, portanto, ser considerado "concelebração" no sentido unívoco do sacerdote juntamente com o povo presente.[21] Ao contrário, a Eucaristia celebrada pelos sacerdotes é "um dom que supera radicalmente o poder da assembléia [...]. A assembléia que se reúne para a celebração da Eucaristia necessita absolutamente de um sacerdote ordenado que a presida, para poder ser verdadeiramente uma assembléia eucarística. Por outro lado, a comunidade não é capaz de dotar-se por si só do ministro ordenado."[22]

É absolutamente necessária a vontade comum de evitar qualquer ambigüidade quanto à matéria e fornecer remédio para as dificuldades surgidas nos últimos anos. Portanto, sejam usadas somente com cautela locuções tais como "comunidade celebrante" ou "assembléia celebrante", ou em outras línguas modernas "celebrating assembly", "asamblea celebrante", "assemblée célébrante" e semelhantes.

---

[20] Cf. CONG. PARA O CULTO DIV. E A DISC. DOS SACRAMENTOS. Instrução *Varietates legitimae*, n. 22: AAS 87 (1995), p. 297.

[21] Cf. PIO XII. Carta encíclica *Mediator Dei*: AAS 39 (1947), p. 553.

[22] JOÃO PAULO II. Carta encíclica *Ecclesia de Eucharistia*, n. 29: AAS 95 (2003), p. 453; cf. CONC. ECUM. DE LATRÃO IV, cap. I, 11-30 de novembro de 1215: DS 802; CONC. ECUM. DE TRENTO, Sessão XXIII, 15 de julho de 1563, Doutrinas e cânones sobre a sagrada ordem, cap. 4: DS 1767-1770; PIO XII. Carta encíclica *Mediator Dei*: AAS 39 (1947), p. 553.

2. As funções dos fiéis leigos na celebração da missa

43. É justo e louvável que, para o bem da comunidade e de toda a Igreja de Deus, alguns fiéis leigos exerçam, segundo a tradição, algumas funções referentes à celebração da sagrada liturgia.[23] Convém que sejam várias pessoas que distribuam entre si ou exerçam os diversos ofícios ou as várias partes do mesmo ofício.[24]

44. Além dos ministérios instituídos do acólito e do leitor,[25] entre os citados ofícios particulares há os do acólito[26] e do leitor[27] por encargo temporário, aos quais são adidos outros ofícios descritos no Missal romano,[28] assim

---

[23] Cf. *Código de Direito Canônico*, cân. 230, § 2; cf. também Missale Romanum. Institutio Generalis, n. 97.

[24] Cf. também Missale Romanum. Institutio Generalis, n. 109.

[25] Cf. Paulo VI. Motu proprio *Ministeria quaedam,* nn. VI-XII, 15 de agosto de 1972: Pontificale Romanum *ex decreto sacrosancti Oecumenici Concilii Vaticani II instauratum, auctoritate Pauli Pp. VI promulgatum*. De institutione lectorum et acolythorum, de admissione inter candidatos ad diaconatum et presbyteratum, de sacro caelibatu amplectendo, editio typica, diei 3 decembris 1972, Typis Polyglottis Vaticanis, 1973, p. 10: AAS 64 (1972), pp. 529-534, aqui pp. 532-533; *Código de Direito Canônico*, cân. 230, § 1; Missale Romanum. Institutio Generalis, nn. 98-99 e 187-193.

[26] Cf. Missale Romanum. Institutio Generalis, nn. 187-190.193; *Código de Direito Canônico*, cân. 230, §§ 2-3.

[27] Cf. Conc. Ecum. Vaticano II. Const. sobre a sagrada liturgia *Sacrosanctum Concilium*, n. 24; S. Cong. para o Culto Div. e a Disc. dos Sacramentos. Instrução *Inaestimabile donum*, nn. 2 e 18: AAS 72 (1980), pp. 334 e 338; Missale Romanum. Institutio Generalis, nn. 101 e 194-198; *Código de Direito Canônico*, cân. 230, §§ 2-3.

[28] Cf. Missale Romanum. Institutio Generalis, nn. 100-107.

como as funções de preparar as hóstias, de lavar as alfaias e outras coisas semelhantes. Todos, "tanto ministros ordenados como fiéis leigos, exercendo o seu ministério ou ofício, façam somente e tudo aquilo que é da competência deles",[29] e tanto na celebração litúrgica como na sua preparação ajam de tal maneira que a Liturgia da Igreja se exerça com dignidade e decoro.

45. Deve-se evitar o risco de toldar a complementaridade entre a ação dos clérigos e a dos leigos, a ponto de submeter a função dos leigos a uma espécie, como se costuma dizer, de "clericalização", enquanto os ministros sagrados assumem indevidamente funções que são próprias da vida e da ação dos fiéis leigos.[30]

46. O fiel leigo chamado a prestar ajuda nas celebrações litúrgicas deve estar devidamente preparado e se distinguir pela vida cristã, fé, conduta e fidelidade ao magistério da Igreja. É bom que tenha recebido uma côngrua formação litúrgica, segundo sua idade, condição, tipo de vida e cultura religiosa.[31] Não se escolha ninguém cuja designação possa causar espanto entre os fiéis.[32]

---

[29] Ibidem, n. 91; cf. Conc. Ecum. Vaticano II. Const. sobre a sagrada liturgia *Sacrosanctum Concilium*, n. 28.

[30] Cf. João Paulo II. Discurso na Conferência dos Bispos das Antilhas, n. 2, 7 de maio de 2002: AAS 94 (2002), pp. 575-577; Exortação apostólica pós-sinodal *Christifideles laici*, n. 23, 30 de dezembro de 1988: AAS 81 (1989), pp. 393-521; aqui 429-431; Cong. para o Clero e Outras. Instrução *Ecclesiae de mysterio*, Princípios teológicos, n. 4, 15 de agosto de 1997: AAS 89 (1997), pp. 860-861.

[31] Cf. Conc. Ecum. Vaticano II. Const. sobre a sagrada liturgia *Sacrosanctum Concilium*, n. 19.

[32] Cf. S. Cong. para o Culto Divino. Instrução *Immensae caritatis*, 29 de janeiro de 1973: AAS 65 (1973), p. 266.

47. É verdadeiramente admirável que persista o conhecido costume de se apresentarem crianças ou jovens, chamados comumente de "coroinhas", para prestar serviço junto ao altar à maneira do acólito, os quais tenham recebido, segundo a capacidade deles, oportuna catequese quanto a sua função.[33] Não se deve esquecer de que entre tais crianças surgiu, durante os séculos, um respeitável número de ministros sacros.[34] Sejam instituídas ou promovidas para eles associações, também com a participação e a ajuda dos pais, com os quais se providencie mais eficazmente a atenção pastoral para com os coroinhas. Quando tais associações assumirem caráter internacional, compete à Congregação para o Culto Divino e a Disciplina dos Sacramentos erigi-las ou examinar e aprovar seus estatutos.[35] Para esse serviço do altar podem ser admitidas meninas ou mulheres, a critério do bispo diocesano e no respeito às normas estabelecidas.[36]

---

[33] Cf. S. CONG. DOS RITOS. Instrução *De Musica sacra*, n. 93c, 3 de setembro de 1958: AAS 50 (1958), p. 656.

[34] Cf. PONT. CONS. PARA A INTERPRETAÇÃO DOS TEXTOS LEGISLATIVOS. Responsio ad propositum dubium, 11 de julho de 1992: AAS 86 (1994), pp. 541-542; CONG. PARA O CULTO DIV. E A DISC. DOS SACRAMENTOS. Carta aos presidentes das Conferências dos Bispos sobre o serviço litúrgico dos leigos, 15 de março de 1994: *Notitiae* 30 (1994), 333-335 e 347-348.

[35] Cf. JOÃO PAULO II. Const. apostólica *Pastor bonus*, art. 65: AAS 80 (1988), p. 877.

[36] Cf. PONT. CONS. PARA A INTERPRETAÇÃO DOS TEXTOS LEGISLATIVOS. Responsio ad propositum dubium, 11 de julho de 1992: AAS 86 (1994), pp. 541-542; CONG. PARA O CULTO DIV. E A DISC. DOS SACRAMENTOS. Carta aos presidentes das Conferências dos Bispos sobre o serviço litúrgico dos leigos, 15 de março de 1994: *Notitiae* 30 (1994), 333-335 e 347-348; Carta a um bispo, 27 de julho de 2001: *Notitiae* 38 (2002), 46-54.

Capítulo III
A CORRETA CELEBRAÇÃO DA SANTA MISSA

1. A matéria da Santíssima Eucaristia

48. O pão utilizado na celebração do santo sacrifício eucarístico deve ser ázimo, somente feito de trigo e recentemente, de modo que não haja perigo algum de deterioração.[1] Portanto, segue-se que aquele feito com outra matéria, mesmo que de cereal, ou aquele ao qual foi misturada matéria diferente do trigo, em tal quantidade a ponto de não se poder dizer, segundo a avaliação comum, pão de trigo, não é matéria válida para a celebração do sacrifício e do sacramento eucarístico.[2] É grave abuso introduzir na confecção do pão da Eucaristia outras substâncias, como fruta, açúcar ou mel. É evidente que as hóstias devem ser confeccionadas por pessoas que não somente se distinguem por honestidade, mas sejam também experientes em prepará-las, e fornecidas de instrumentos adequados.[3]

---

[1] Cf. *Código de Direito Canônico*, cân. 924, § 2; MISSAL E ROMANUM. Institutio Generalis, n. 320.

[2] Cf. S. CONG. PARA A DISC. DOS SACRAMENTOS. Instrução *Dominus Salvator noster*, n. 1, 26 de março de 1929: AAS 21 (1929), pp. 631-642, aqui p. 632.

[3] Cf. ibidem, n. II: AAS 21 (1929), p. 635.

49. Em razão do sinal que se expressa, convém que alguma parte do pão eucarístico obtido pela fração seja distribuído ao menos a algum fiel no momento da comunhão. "As hóstias pequenas não são de modo algum excluídas, quando o número dos que vão comungar ou outras razões pastorais o exijam";[4] ou melhor, sejam usadas comumente partículas na maioria pequenas, que não exijam ulterior fração.

50. O vinho utilizado na celebração do santo sacrifício eucarístico deve ser natural, do fruto da videira, genuíno, não deteriorado, nem misturado com substâncias estranhas.[5] Na própria celebração da missa será misturada a ele uma pequena quantidade de água. Com o máximo cuidado, procure-se que o vinho destinado à Eucaristia seja conservado em perfeito estado e não se torne azedo.[6] É absolutamente proibido usar vinho cuja pureza e proveniência sejam duvidosas: de fato, a Igreja exige certeza quanto às condições necessárias para a validade dos sacramentos. Portanto, não se admita, sob nenhum pretexto, outras bebidas de qualquer tipo, que não constituem matéria válida.

2. A oração eucarística

51. Sejam utilizadas somente as orações eucarísticas que se encontram no Missal Romano ou legitimamente aprovadas pela Sé apostólica segundo os modos e os termos por

---

[4] Cf. MISSALE ROMANUM. Institutio Generalis, n. 321.

[5] Cf. Lc 22,18; *Código de Direito Canônico*, cân. 924, §§ 1 e 3; MISSALE ROMANUM. Institutio Generalis, n. 322.

[6] Cf. MISSALE ROMANUM. Institutio Generalis, n. 323.

ela definidos. "Não se pode tolerar que alguns sacerdotes se arroguem o direito de compor orações eucarísticas"[7] ou modificar o texto daquelas aprovadas pela Igreja, nem adotar outras compostas por particulares.[8]

52. A recitação da oração eucarística, que por sua própria natureza é o ápice de toda a celebração, compete exclusivamente ao sacerdote, em força de sua ordenação. Portanto, é abuso fazer com que algumas partes da oração eucarística sejam recitadas por um diácono, por um ministro leigo ou por um só ou todos os fiéis juntos. A oração eucarística deve, então, ser recitada inteiramente apenas pelo sacerdote.[9]

53. Enquanto o sacerdote celebrante recita a oração eucarística, "não se sobreponham outras orações ou cantos, e o órgão ou outros instrumentos musicais fiquem em silêncio",[10] exceto nas aclamações do povo devidamente aprovadas, sobre as quais se pode conferir mais adiante.

54. Entretanto, o povo toma parte sempre ativamente e nunca de modo meramente passivo: ao sacerdote "asso-

---

[7] JOÃO PAULO II. Carta apostólica *Vicesimus quintus annus*, n. 13: AAS 81 (1989), p. 910.

[8] S. CONG. PARA O CULTO DIV. E A DISC. DOS SACRAMENTOS. Instrução *Inaestimabile donum*, n. 5: AAS (1980), p. 335.

[9] Cf. JOÃO PAULO II. Carta encíclica *Ecclesia de Eucharistia*, n. 28: AAS 95 (2003), p. 452; MISSALE ROMANUM. Institutio Generalis, n. 147; S. CONG. PARA O CULTO DIVINO. Instrução *Liturgicae instaurationes*, n. 4: AAS 62 (1970), p. 698; S. CONG. PARA O CULTO DIVINO. E A DISC. DOS SACRAMENTOS. Instrução *Inaestimabile donum*, n. 4: AAS 72 (1980), p. 334.

[10] MISSALE ROMANUM. Institutio Generalis, n. 32.

cie-se com fé e em silêncio e também com as intervenções estabelecidas durante a oração eucarística, que são as respostas no diálogo do Prefácio, o Santo, a aclamação após a consagração, o Amém, após a doxologia final, e outras aclamações aprovadas pela Conferência dos Bispos e confirmadas pela Santa Sé."[11]

55. Em alguns lugares entrou na moda o abuso segundo o qual o sacerdote parte a hóstia no momento da consagração durante a celebração da santa missa. Tal violação se realiza, porém, contra a tradição da Igreja e deve ser reprovada e corrigida muito urgentemente.

56. Na oração eucarística não se omita a lembrança do nome do Sumo Pontífice e do bispo diocesano, a fim de preservar uma antiqüíssima tradição e manifestar a comunhão eclesial. De fato, "o próprio fato de a comunidade eucarística se reunir é também comunhão com o próprio bispo e com o Romano Pontífice".[12]

3. As outras partes da Missa

57. É direito da comunidade dos fiéis que haja regularmente, sobretudo na celebração dominical, uma adequada e idônea música sacra e, sempre, um altar, paramentos e

---

[11] Ibidem, n. 147; cf. JOÃO PAULO II. Carta encíclica *Ecclesia de Eucharistia*, n. 28: AAS 95 (2003), p. 452; cf. também CONG. PARA O CULTO DIVINO E A DISC. DOS SACRAMENTOS. Instrução *Inaestimabile donum*, n. 4: AAS 72 (1980), pp. 334-335.

[12] JOÃO PAULO II. Carta encíclica *Ecclesia de Eucharistia*, n. 39: AAS 95 (2003), p. 459.

alfaias sagradas que resplandeçam, segundo as normas, em dignidade, decoro e limpeza.

58. Igualmente, todos os fiéis têm o direito de que a celebração da Eucaristia seja diligentemente preparada em todas as suas partes, de tal modo que nela se proclame e comente digna e eficazmente a Palavra de Deus; seja exercida cuidadosamente, segundo as normas, a faculdade de escolha dos textos litúrgicos e dos ritos e, na celebração da liturgia, devidamente guardada e alimentada a fé dos fiéis por meio das letras dos cantos.

59. Dê-se um fim ao reprovável uso mediante o qual os sacerdotes, os diáconos e também os fiéis mudam e alteram por própria conta, aqui e ali, os textos da sagrada liturgia por eles pronunciados. De fato, assim fazendo, tornam instável a celebração da sagrada liturgia e com freqüência acabam alterando o seu sentido autêntico.

60. Na celebração da missa, a liturgia da Palavra e a liturgia eucarística estão estreitamente ligadas entre si e formam um único ato de culto. Portanto, não é lícito separar uma parte da outra, celebrando-as em tempos e lugares diferentes.[13] Além disso, não é permitido realizar seções da santa missa em momentos diferentes, inclusive num mesmo dia.

61. Ao escolher as leituras bíblicas a serem proclamadas na celebração da missa, devem ser seguidas as normas

---

[13] Cf. S. Cong. para o Culto Divino. Instrução *Liturgicae instaurationes*, n. 2b: AAS 62 (1970), p. 696.

que se encontram nos livros litúrgicos,[14] a fim de que "a mesa da Palavra de Deus seja realmente preparada para os fiéis com maior abundância e para eles sejam abertos mais amplamente os tesouros da Bíblia".[15]

62. Não é permitido omitir ou substituir por iniciativa própria as leituras bíblicas prescritas nem mudar especialmente "as leituras e o salmo responsorial, que contêm a Palavra de Deus, por outros textos não-bíblicos".[16]

63. A leitura do Evangelho, que "constitui o ápice da liturgia da Palavra",[17] é reservada, segundo a tradição da Igreja, na celebração da sagrada liturgia, ao ministro ordenado.[18] Portanto, não é permitido a um leigo, mesmo que religioso, proclamar o Evangelho durante a celebração da santa missa nem nos outros casos em que as normas não o permitam explicitamente.[19]

---

[14] Cf. MISSALE ROMANUM. Institutio Generalis, nn. 356-362.

[15] Cf. CONC. ECUM. VATICANO II. Const. sobre a sagrada liturgia *Sacrosanctum Concilium*, n. 51.

[16] MISSALE ROMANUM. Institutio Generalis, n. 57; cf. JOÃO PAULO II. Carta apostólica *Vicesimus quintus annus*, n. 13: AAS 81 (1989), p. 910; CONG. PARA A DOUTRINA DA FÉ. Declaração sobre a unicidade e universalidade salvífica de Cristo e da Igreja *Dominus Iesus*, 6 de agosto de 200 AAS 92 (2000), pp. 742-765.

[17] MISSALE ROMANUM. Institutio Generalis, n. 60.

[18] Cf. ibidem, nn. 59-60.

[19] Cf., por exemplo, RITUALE ROMANUM, *ex decreto sacrosancti Oecumenici Concilii Vaticani II renovatum, auctoritate Pauli Pp. VI editum Ioannis Pauli Pp. II cura recognitum*, Ordo celebrandi Matrimonium, editio typica altera, diei 19 martii 1990, Typis Polyglottis Vaticanis, 1991, n. 125; RITUALE ROMANUM, *ex decreto sacrosancti Oecumenici Concilii Vaticani II instauratum, auctoritate Pauli Pp. VI promulgatum,* Ordo Unctionis infirmorum eorumque pastoralis curae, editio typica, diei 7 decembris 1972, Typis Polyglottis Vaticanis, 1972, n. 72.

64. A homilia, feita durante a celebração da santa missa e que é parte da própria liturgia,[20] "geralmente é feita pelo próprio sacerdote celebrante ou por ele confiada a um sacerdote concelebrante, ou às vezes, segundo a oportunidade, também ao diácono, mas nunca a um leigo.[21] Em casos particulares e por justo motivo, a homilia pode ser feita também por um bispo ou um presbítero que participa da celebração, mesmo que não possa concelebrar".[22]

65. Deve ser lembrado que, com base no que está prescrito no cânone 767, § 1, fica revogada toda norma anterior que tenha permitido a fiéis não-ordenados fazer a homilia durante a celebração eucarística.[23]. De fato, tal praxe é reprovada e não pode, portanto, ser concedida em virtude de algum costume.

66. A proibição de admissão dos leigos à pregação durante a celebração da missa vale também para os seminaristas, para os estudantes de disciplinas teológicas, para aqueles que tenham recebido o encargo de "assistentes pas-

---

[20] Cf. *Código de Direito Canônico*, cân. 767, § 1.

[21] Cf. MISSALE ROMANUM. *Institutio Generalis*, n. 66; cf. também *Código de Direito Canônico*, cân. 6, §§ 1 e 2; cân. 767, § 1; quanto a isso se deve ter presente também as prescrições da CONG. PARA O CLERO E OUTRAS. Instrução *Ecclesiae de mysterio*. Disposições práticas, art. 3, § 1: AAS 89 (1997), pp. 864-865.

[22] MISSALE ROMANUM. Institutio Generalis, n. 66; cf. também *Código de Direito Canônico*, cân 767, § 1.

[23] Cf. CONG. PARA O CLERO E OUTRAS. Instrução *Ecclesiae de mysterio*. Disposições práticas, art. 3, § 1: AAS 89 (1997), p. 865; cf. também *Código de Direito Canônico*, cân. 6, §§ 1 e 2; PONT. COM. PARA A INTERP. AUT. DO CÓDIGO DE DIREITO CANÔNICO. Responsio ad propositum dubium, 20 de junho de 1987: AAS 79 (1987), p. 1249.

torais" e para qualquer outro tipo, grupo, comunidade ou associação de leigos.[24]

67. Sobretudo, deve-se prestar muita atenção para que a homilia se concentre estritamente no mistério da salvação, expondo durante o ano litúrgico, com base nas leituras bíblicas e nos textos litúrgicos, os mistérios da fé e as regras da vida cristã e oferecendo um comentário aos textos do Comum ou do Próprio da missa ou de qualquer outro rito da Igreja.[25] É evidente que todas as interpretações da Sagrada Escritura devam ser referidas a Cristo como eixo supremo da economia da salvação, mas isso seja feito levando em conta também o específico contexto da celebração litúrgica. Ao fazer a homilia, cuide-se para irradiar a luz de Cristo sobre os eventos da vida. Isso, porém, seja feito de tal modo que não esvazie o sentido autêntico e genuíno da Palavra de Deus, falando, por exemplo, apenas de política ou de assuntos profanos ou buscando como fonte noções provindas de movimentos pseudo-religiosos difundidos em nossa época.[26]

68. O bispo diocesano esteja atento à homilia,[27] fazendo também circular, entre os ministros sacros, normas,

---

[24] Cf. CONG. PARA O CLERO E OUTRAS. Instrução *Ecclesiae de mysterio*. Disposições práticas, art. 3, § 1: AAS 89 (1997), pp. 864-865.

[25] Cf. CONC. ECUM. DE TRENTO. Sessão XXII, 17 de setembro de 1562, O Santíssimo Sacrifício da Missa, cap. 8: DS 1749; MISSALE ROMANUM. Institutio Generalis, n. 65.

[26] Cf. JOÃO PAULO II. Discurso a alguns bispos dos Estados Unidos da América por ocasião da visista "ad limina Apostolorum", n. 2, 28 de maio de 1993: AAS 86 (1994), p. 330.

[27] Cf. *Código de Direito Canônico*, cân. 386, § 1.

esquemas e subsídios e promovendo encontros e outras iniciativas apropriadas, a fim de que eles tenham freqüentes ocasiões de refletir com maior diligência sobre a natureza da homilia e encontrem ajuda quanto a sua preparação.

69. Não se admita na santa missa, assim como nas outras celebrações litúrgicas, um Credo ou Profissão de fé que não esteja inserido nos livros litúrgicos devidamente aprovados.

70. As ofertas que os fiéis costumam apresentar durante a santa missa para a liturgia eucarística não se reduzem necessariamente ao pão e ao vinho para a celebração da Eucaristia, mas podem compreender também outras ofertas levadas pelos fiéis sob forma de dinheiro ou outros bens úteis à caridade para com os pobres. Os ofertas extras, porém, devem sempre ser expressão visível do verdadeiro dom que o Senhor espera de nós: um coração contrito e o amor a Deus e ao próximo, pelo qual somos conformados ao sacrifício de Cristo que se ofereceu a si mesmo por nós. De fato, na Eucaristia, resplandece em grau máximo o mistério da caridade que Jesus Cristo revelou na última ceia, lavando os pés dos discípulos. Entretanto, a salvaguarda da dignidade da sagrada liturgia implica que as ofertas extras sejam apresentadas de modo adequado. Portanto, o dinheiro como também as outras ofertas para os pobres devem ser colocados num lugar adequado, mas fora da mesa eucarística.[28] Com exceção do dinheiro e, no caso, em razão do sinal, se uma pequena parte de outras ofertas forem eferecidas, é

---

[28] Cf. MISSALE ROMANUM. Institutio Generalis, n. 73.

preferível que tais ofertas sejam apresentadas fora da celebração da missa.

71. Mantenha-se o uso do rito romano de dar a paz antes da santa comunhão, como estabelecido no rito da missa. De fato, segundo a tradição do rito romano, esse uso não tem conotação nem de reconciliação nem de remissão dos pecados, mas simplesmente a função de manifestar paz, comunhão e caridade antes de receber a Santíssima Eucaristia.[29] É, por sua vez, o ato penitencial a ser feito no começo da missa, em particular segundo sua primeira fórmula, que tem o caráter de reconciliação entre os irmãos.

72. Convém "que cada um dê a paz somente àqueles que lhe estão mais próximos, de modo sóbrio". "O Sacerdote pode dar a paz aos ministros, permanecendo, porém, sempre no presbitério, para não perturbar a celebração. Faça também assim se, por algum motivo razoável, queira dar a paz a alguns fiéis." Nem se execute qualquer canto para dar a paz, mas sem demora se recite o "Cordeiro de Deus". "Quanto ao modo de realizar o próprio gesto de paz, isso é estabelecido pelas Conferências dos Bispos [...] segundo a índole e os costumes dos povos" e confirmado pela Sé apostólica.[30]

73. Na celebração da santa missa, a fração do pão eucarístico, que deve ser feita somente pelo sacerdote celebrante, com a ajuda, se for o caso, de um diácono ou do concelebrante, mas não de um leigo, começa depois do abraço

---

[29] Cf. ibidem, n. 154.
[30] Cf. ibidem, nn. 82 e 154.

da paz, enquanto se recita o "Cordeiro de Deus". O gesto da fração do pão, de fato, "realizado por Cristo na última ceia, que desde os tempos apostólicos deu o nome a toda a ação eucarística, significa que os muitos fiéis, na comunhão que deriva do único pão de vida, que é Cristo morto e ressuscitado para a salvação do mundo, constituem um único corpo (1Cor 10,17)".[31] Portanto, o rito deve ser realizado com grande respeito.[32] Contudo, seja breve. Corrija-se com muita urgência o abuso presente em alguns lugares de prolongar sem necessidade tal rito, inclusive com a ajuda de leigos, contrariando as normas, e de atribuir-lhe exagerada importância.[33]

74. Se houver necessidade de fornecer informações ou testemunhos de vida cristã aos fiéis reunidos na igreja, é geralmente preferível que isso aconteça fora da missa. Entretanto, por grave razão, podem ser dadas tais informações ou testemunhos quando o sacerdote já tenha recitado a oração após a comunhão. Contudo, tal uso não se torne costumeiro. Além disso, essas informações e testemunhos não devem ter sentido que possa ser confundido com a homilia[34] nem se pode, por causa deles, suprimir totalmente a própria homilia.

---

[31] Cf. MISSALE ROMANUM. Institutio Generalis, n. 83.

[32] Cf. SAG. CONG. PARA O CULTO DIVINO. Instrução *Liturgicae instaurationes*, n. 5: AAS 62 (1970), p. 699.

[33] Cf. MISSALE ROMANUM. Institutio Generalis, nn. 83, 240, 321.

[34] Cf. CONG. PARA O CLERO E OUTRAS. Instrução *Ecclesiae de mysterio*. Disposições práticas, art. 3; § 2: AAS 89 (1997), p. 865.

4. A união dos diversos ritos a partir da celebração da missa

75. Por uma razão teológica inerente à celebração eucarística ou a um rito particular, os livros litúrgicos às vezes prescrevem ou permitem a celebração da santa missa juntamente com outro rito, especialmente dos sacramentos.[35] Entretanto, nos outros casos, a Igreja não admite tal coligação, sobretudo quando se tratar de circunstâncias de índole superficial e vã.

76. Além disso, segundo a antiqüíssima tradição da Igreja romana, não é lícito unir o sacramento da penitência à santa missa de tal modo que se torne uma única ação litúrgica. Contudo, isso não impede que sacerdotes, exceto aqueles que celebram ou concelebram a santa missa, ouçam as confissões dos fiéis que assim desejarem, inclusive enquanto se estiver celebrando a missa no mesmo local, para ir ao encontro das necessidades dos fiéis.[36] Todavia, isso seja feito de maneira oportuna.

---

[35] Cf. especialmente *Institutio generalis de Liturgia Horarum*, nn. 93-98; RITUALE ROMANUM, *ex decreto sacrosancti Oecumenici Concilii Vaticani II instauratum, auctoritate Ioannis Pauli Pp. II promulgatum*, De Benedictionibus, editio typica, diei 31 maii 1984, Typis Polyglottis Vaticanis, 1984, Praeenotanda, n. 28; Ordo coronandi imaginem beatae Mariae Virginis, editio typica, diei 25 martii 1981, Typis Polyglottis Vaticanis, 1981, nn. 10 e 14, pp. 10-11; S. CONG. PARA O CULTO DIVINO. Instrução sobre as missas nos grupos particulares *Actio pastoralis*, 5 de maio de 1969: AAS 61 (1969), pp. 806-811; Diretório para a missa das crianças *Pueros baptizatos*, 1º de novembro de 1973: AAS 66 (1974), pp. 30-46; MISSALE ROMANUM. Institutio Generalis, n. 21.

[36] Cf. JOÃO PAULO II. Motu proprio *Misericordia Dei*, n. 2, 7 de abril de 2002: AAS 94 (2002), p. 455; cf. CONG. PARA O CULTO DIV. E A DISC. DOS SACRAMENTOS. Responsa ad dubia proposita: *Notitiae* 37 (2001), pp. 259-260.

77. De modo algum deve-se combinar a celebração da santa missa com o contexto de uma ceia comum, relacionar com algum parecido tipo de refeição. Salvo em casos de grave necessidade, não se celebre a missa numa mesa de refeição[37] ou num refeitório ou local usado para tal finalidade, nem em qualquer sala onde haja comida, nem aqueles que participam da missa sentem-se à mesa durante a celebração. Se por grave necessidade for preciso celebrar a missa no mesmo lugar em que se deva jantar, interponha-se um claro espaço de tempo entre a conclusão da missa e o início do jantar, e não seja exibido aos fiéis, durante a missa, alimento comum.

78. Não é lícito coligar a celebração da missa com eventos políticos ou mundanos ou com circunstâncias que não correspondam plenamente ao magistério da Igreja Católica. Além disso, deve-se evitar totalmente a celebração da missa por mero desejo de ostentação ou fazê-lo segundo o estilo de outras cerimônias, tanto mais se forem profanas, para não esvaziar o significado autêntico da Eucaristia.

79. Enfim, deve ser considerado da maneira mais severa o abuso de introduzir na celebração da santa missa elementos que contrastam com as prescrições dos livros litúrgicos, tirando-os dos ritos de outras religiões.

---

[37] Cf. S. Cong. para o Culto Divino. Instrução *Liteurgicae instaurationes*, n. 9: AAS 62 (1970), p. 702.

Capítulo IV

A SANTA COMUNHÃO

1. Disposições para receber a santa comunhão

80. A Eucaristia deve ser proposta aos fiéis também "como antídoto, que nos liberta das culpas cotidianas e nos preserva dos pecados mortais",[1] como é salientado nas diversas partes da missa. O ato penitencial no início da missa tem como finalidade dispor os participantes para que sejam capazes de celebrar dignamente os santos mistérios;[2] entretanto, "não tem a eficácia do sacramento da penitência"[3] e, no que se refere à remissão dos pecados graves, não pode ser considerado como substituto do sacramento da penitência. Os pastores de almas cuidem diligentemente da instrução catequética, de modo que seja transmitido aos fiéis o ensinamento cristão a esse respeito.

81. Além disso, o costume da Igreja afirma a necessidade de que cada um examine bem a fundo a si mesmo,[4]

---

[1] Conc. Ecum. de Trento, Sessão XIII, 11 de outubro de 1551, Decreto sobre a Ss. Eucaristia, cap. 2: DS 1638; cf. Sessão XXII, 17 de setembro de 1562, O Ss. Sacrifício da Missa, cap. 1-2: DS 1740, 1743; S. Cong. dos Ritos. Instrução *Eucharisticum mysterium*, n. 35: AAS 59 (1967), p. 560.

[2] Cf. Missale Romanum. Ordo Missae, n. 4, p. 505.

[3] Missale Romanum. Institutio Generalis, n. 51.

[4] Cf. 1Cor 11,28.

para que, aquele que esteja consciente de estar em pecado grave, não celebre a missa nem comungue o Corpo do Senhor sem antes ter feito a confissão sacramental, a menos que haja algum motivo grave e não se tenha a oportunidade de confessar; neste caso, lembre-se de que é obrigado a fazer um ato de contrição perfeita, que inclui o propósito de se confessar o quanto antes.[5]

82. Outrossim, "a Igreja estabeleceu normas que visam promover o acesso freqüente e frutuoso dos fiéis à mesa eucarística e simultaneamente determinar condições objetivas nas quais se deve abster de administrar a comunhão".[6]

83. Certamente é melhor que todos aqueles que participam de uma celebração da santa missa e possuem as devidas condições recebam nela a santa comunhão. Entretanto, às vezes acontece que os fiéis se aproximam da sagrada mesa em massa e sem o necessário discernimento. É tarefa dos pastores corrigir com prudência e firmeza tal abuso.

84. Ainda, se se celebra a missa para uma grande multidão ou, por exemplo, nas grandes cidades, é preciso que se preste atenção para que, por falta de conhecimento, não se aproximem da santa comunhão também os não-católicos e até mesmo os não-cristãos, sem levar em conta o

---

[5] Cf. *Código de Direito Canônico*, cân. 916; CONC. ECUM. DE TRENTO. Sessão XIII, 11 de outubro de 1551, decreto sobre a Ss. Eucaristia, cap. 7: DS 1646-1647; JOÃO PAULO II. Carta encíclica *Ecclesia de Eucharistia*, n. 36: AAS 95 (2003), pp. 457-458; S. CONG. DOS RITOS. Instrução *Eucharisticum mysterium*, n. 35: AAS 59 (1967), p. 561.

[6] Cf. JOÃO PAULO II. Carta encíclica *Ecclesia de Eucharistia*, n. 42: AAS 95 (2003), p. 461.

Magistério da Igreja em âmbito doutrinal e disciplinar. Cabe aos pastores advertir no momento oportuno os presentes sobre a verdade e sobre a disciplina que deve ser observada rigorosamente.

85. Os ministros católicos administram licitamente os sacramentos somente aos fiéis católicos, os quais também os recebem licitamente somente dos ministros católicos, salvo as disposições do can. 844, §§ 2, 3 e 4 e do cân. 861, § 2.[7] Além disso, as condições estabelecidas pelo cân. 844, § 4, para as quais não pode ser anulado de modo algum,[8] não devem ser separadas uma das outras; portanto, é necessário que todas sejam sempre exigidas simultaneamente.

86. Os fiéis sejam prudentemente guiados à prática de acesso ao sacramento da penitência fora da celebração da missa, sobretudo nos horários estabelecidos, de modo que a sua administração se exerça com tranqüilidade e para o efetivo proveito deles, sem que sejam impedidos de uma ativa participação na missa. É necessário que aqueles que costumam comungar todos os dias ou freqüentemente sejam instruídos a se aproximar do sacramento da penitência nos momentos oportunos, segundo a possibilidade de cada um.[9]

---

[7] Cf. *Código de Direito Canônico*, cân. 844, § 1; João Paulo II. Carta encíclica *Ecclesia de Eucharistia*, n. 45-46: AAS 95 (2003), pp. 463-464; cf. também Pont. Cons. para a Promoção da Unidade dos Cristãos. Diretório para a aplicação dos princípios e normas sobre o ecumenismo *La recherche de l'unité*, nn. 130-131, 25 de março de 1993: AAS 85 (1993), pp. 1.039-1.119, aqui p. 1.089.

[8] Cf. João Paulo II. Carta encíclica *Ecclesia de Eucharistia*, n. 46: AAS 95 (2003), pp. 463-464.

[9] Cf. Sag. Cong. dos Ritos. Instrução *Eucharisticum mysterium*, n. 35: AAS 59 (1967), p. 561.

87. Antes da primeira comunhão das crianças, faça-se a confissão sacramental e se dê a absolvição.[10] Além disso, a primeira comunhão convém ser sempre administrada por sacerdote e nunca fora da celebração da missa. Salvo casos excepcionais, não é muito apropriado administrá-la na Quinta-feira Santa *in Cena Domini*. Escolha-se um outro dia, como os II-VI domingos de Páscoa ou a solenidade do Santíssimo Corpo e Sangue de Cristo ou os domingos comuns, pois o domingo é exatamente considerado como o dia da Eucaristia.[11] "Compete [...] ao pároco velar que não se aproximem do sagrado Banquete as crianças que ainda não atingiram o uso da razão ou aquelas que ele julgar não estarem suficientemente dispostas".[12] Entretanto, se acontecer que uma criança, totalmente excepcional em relação a sua idade, seja considerada madura para receber o sacramento, não lhe seja recusada a primeira comunhão, com a condição de que tenha sido suficientemente preparada.

---

[10] Cf. *Código de Direito Canônico*, cân. 914; S. Cong. para a Disc. dos Sacramentos. Declaração *Sanctus Pontifex*, 24 de maio de 1973: AAS 65 (1973), p. 410; S. Cong. para os Sacramentos e para o Culto Divino e S. Cong. para o Clero. Carta aos presidentes das Conferências dos Bispos *In quibusdam*, 31 de março de 1977: *Enchiridion Documentorum Instaurationis Liturgicae*, II, Roma, 1988, pp. 142-144; S. Cong. para o Culto Div. e a disc. dos Sacramentos e S. Cong. para o Clero. Responsum ad propositum dubium, 20 de maio de 1977: AAS 69 (1977), p. 427.

[11] Cf. João Paulo II. Carta apostólica *Dies Domini*, nn. 31-34, 31 de maio de 1998: AAS 90 (1998), pp. 713-766, aqui pp. 731-734.

[12] Cf. *Código de Direito Canônico*, cân. 914.

2. A distribuição da santa comunhão

88. De modo geral, os fiéis recebam a comunhão sacramental da Eucaristia na própria missa e no momento prescrito pelo rito da celebração, isto é, imediatamente após a comunhão do sacerdote celebrante.[13] Cabe ao sacerdote celebrante, eventualmente auxiliado por outros sacerdotes ou pelos diáconos, distribuir a comunhão, e a missa só deve continuar quando terminar a comunhão dos fiéis. Somente se a necessidade o exigir, os ministros extraordinários podem, segundo a norma do direito, ajudar o sacerdote celebrante.[14]

89. Para que, até mesmo "por meio de sinais, a comunhão se apresente melhor como participação no sacrifício que se celebra",[15] é preferível que os fiéis possam recebê-la com hóstias consagradas na mesma missa.[16]

90. "Convém que os fiéis comunguem de joelhos ou em pé, de acordo com o que foi, estabelecido pela Conferência dos Bispos" e confirmado pela Sé apostólica. "Quando,

---

[13] Cf. Conc. Ecum. Vaticano II. Constituição sobre a sagrada liturgia *Sacrosanctum Concilium*, n. 55.

[14] Cf. S. Cong. dos Ritos. Instrução *Eucharisticum mysterium*, n. 31: AAS 59 (1967), p. 558; Pont. Cons. para a Interpretação dos Textos Legislativos. Responsio ad propositum dubium, 1º de junho de 1988: AAS 80 (1988), p. 1.373.

[15] Missale Romanum. Institutio Generalis, n. 160.

[16] Cf. Conc. Ecum. Vaticano II. Const. sobre a sagrada liturgia *Sacrosanctum Concilium*, n. 55; S. Cong. dos Ritos. Instrução *Eucharisticum mysterium*, n. 31: AAS 59 (1967), p. 558; Missale Romanum. Institutio Generalis, nn. 85, 157, 243.

porém, comungam em pé, recomenda-se que, antes de receber o sacramento, façam a devida reverência, a ser estabelecida pelas próprias normas".[17]

91. Na distribuição da santa comunhão, recorde-se de que "os ministros sagrados não podem negar os sacramentos àqueles que os pedirem oportunamente, que estiverem devidamente dispostos e que pelo direito não forem proibidos de recebê-los".[18] Portanto, todo católico batizado, que não esteja impedido pelo direito, deve se admitido à sagrada comunhão. Assim sendo, não é lícito negar a santa comunhão a um fiel pela simples razão, por exemplo, de que ele queira receber a Eucaristia de joelhos ou em pé.

92. Embora todo fiel tenha sempre o direito de receber, à sua escolha, a santa comunhão na boca,[19] nas regiões onde a Conferência dos Bispos, com a confirmação da Sé apostólica, permitiu, se um comungante quiser receber o sacramento na mão, seja-lhe distribuída a sagrada hóstia. Entretanto, cuide-se, com especial atenção, para que o comungante tome a hóstia logo, diante do ministro, de tal modo que ninguém se afaste levando na mão as espécies eucarísticas. Se houver perigo de profanação, não deve ser distribuída a santa comunhão na mão dos fiéis.[20]

---

[17] Cf. Missale Romanum. Institutio Generalis, n. 160.

[18] *Código de Direito Canônico*, cân. 843, § 1; cf. cân. 915.

[19] Cf. Missale Romanum. Institutio Generalis, n. 161.

[20] Cong. para o Culto Div. e a Disc. dos Sacramentos. Dubium: *Notitiae* 35 (1999), pp. 160-161.

93. É preciso que se mantenha o uso da patena para a comunhão dos fiéis, a fim de evitar que a sagrada hóstia ou algum fragmento dela caia.[21]

94. Não é permitido aos fiéis "pegarem por si e muito menos passarem entre eles de mão em mão"[22] a sagrada hóstia ou o cálice sagrado. Além disso, a esse respeito, deve ser abolido o abuso de os esposos, durante a missa nupcial, distribuírem reciprocamente a santa comunhão.

95. O fiel leigo "que já recebeu a santíssima Eucaristia, pode recebê-la novamente no mesmo dia, somente na celebração eucarística em que participa, salvo prescrição do cân. 921, § 2".[23]

96. Deve ser desaprovado o uso de distribuir, contrariamente às prescrições dos livros litúrgicos, à maneira de comunhão, durante a celebração da santa missa ou antes dela, hóstias não-consagradas ou qualquer outro material comestível ou não. De fato, tal uso não se concilia com a tradição do rito romano e traz consigo o risco de gerar confusão entre os fiéis quanto à doutrina eucarística da Igreja. Se em alguns lugares vigora, por concessão, o costume particular de benzer o pão e distribuí-lo após a missa, convém fazer com grande cuidado uma correta catequese sobre tal gesto. Por outro lado, não devem ser introduzidos costumes semelhantes, nem jamais serem utilizadas para tal escopo hóstias não-consagradas.

---

[21] Cf. MISSALE ROMANUM. Institutio Generalis, n. 118.
[22] Ibidem, n. 160.
[23] *Código de Direito Canônico*, cân. 917; cf. PONT. COM. PARA A INTERPRETAÇÃO AUTÊNTICA DO CÓDIGO DE DIREITO CANÔNICO. Responsio ad propositum dubium, 11 de julho de 1984: AAS 76 (1984), p. 746.

3. A comunhão dos sacerdotes

97. Toda vez que celebra a santa missa, o sacerdote deve comungar no altar no momento estabelecido pelo missal; os concelebrantes, porém, devem fazê-lo antes de iniciar a distribuição da comunhão. O sacerdote celebrante ou concelebrante não espere nunca o término da comunhão do povo para comungar.[24]

98. A comunhão dos sacerdotes concelebrantes seja feita segundo as normas prescritas nos livros litúrgicos, usando sempre hóstias consagradas durante a mesma missa,[25] e todos os concelebrantes recebendo a comunhão sob as duas espécies. Note-se que, quando o sacerdote ou o diácono administra a sagrada hóstia ou o cálice aos concelebrantes, não diz nada, isto é, não pronuncia as palavras "O Corpo de Cristo" ou "O Sangue de Cristo".

99. A comunhão sob as duas espécies é sempre permitida "aos sacerdotes que não podem celebrar ou concelebrar".[26]

4. A comunhão sob as duas espécies

100. A fim de manifestar aos fiéis com maior clareza a plenitude do sinal do banquete eucarístico, os fiéis leigos também são admitidos à comunhão sob as duas espécies nos

---

[24] Cf. Conc. Ecum. Vaticano II. Const. sobre a sagrada liturgia *Sacrosanctum Concilium*, n. 55; Missale Romanum. Institutio Generalis, nn. 158-160, 243-244 e 246.

[25] Cf. Missale Romanum. Institutio Generalis, nn. 237-249; cf. também nn. 85 e 157.

[26] Cf. ibidem, n. 283 a.

casos citados nos livros litúrgicos, como pressuposto e o incessante acompanhamento de uma devida catequese sobre os princípios dogmáticos fixados pelo Concílio Ecumênico de Trento[27] a respeito do assunto.

101. Para administrar a santa comunhão aos fiéis leigos sob as duas espécies, dever-se-á de forma apropriada levar em conta as circunstâncias, cabendo antes de tudo aos bispos diocesanos fornecer uma avaliação sobre tais circunstâncias. Seja totalmente excluída quando houver o risco, mesmo que mínimo, de profanação das sagradas espécies.[28] Para uma melhor coordenação, é preciso que as Conferências dos Bispos publiquem, com a confirmação por parte da Sé apostólica, mediante a Congregação para o Culto Divino e a Disciplina dos Sacramentos, as normas relativas sobretudo ao "modo de distribuir aos fiéis a santa comunhão sob as duas espécies e à extensão dessa faculdade".[29]

102. Não se administre aos fiéis leigos o cálice, quando esteja presente um número de comungantes tão grande[30] que se torne difícil avaliar a quantidade de vinho necessário para a Eucaristia e houver o risco de "permanecer uma

---

[27] Cf. CONC. ECUM. DE TRENTO. Sessão XXI, 16 de julho de 1562, Decreto sobre a comunhão eucarística, caps. 1-3: DS 1725-1729; CONC. ECUM. VATICANO II. Const. sobre a sagrada liturgia *Sacrosanctum Concilium*, n. 55; MISSALE ROMANUM. Institutio Generalis, nn. 282-283.

[28] Cf. MISSALE ROMANUM. Institutio Generalis, n. 283.

[29] Cf. ibidem.

[30] Cf. S. CONG. PARA O CULTO DIVINO. Instrução *Sacramentali Communione*, 29 de junho de 1970: AAS 62 (1970), p. 665; Instrução *Litugicae instaurationes*, n. 6a: AAS 62 (1970), p. 669.

quantidade de Sangue de Cristo superior ao necessário e que deveria ser consumido no término da celebração";[31] nem também quando o acesso ao cálice só possa ser regulado com dificuldade, ou seja, exigida uma quantidade suficiente de vinho do qual somente com dificuldade se poderia ter garantia da proveniência e qualidade, ou onde não haja adequado número de ministros sagrados nem ministros extraordinários da sagrada comunhão providos de uma apropriada preparação, ou onde parte notável do povo continue, por diversas razões, recusando aproximar-se do cálice, fazendo assim que o sinal da unidade acabe de certo modo deixando de existir.

103. As normas do Missal Romano admitem o princípio que, nos casos em que a comunhão é distribuída sob as duas espécies, "o Sangue de Cristo pode ser bebido diretamente do cálice, por intinção, com a cânula ou com a colher".[32] Quanto à administração da comunhão aos fiéis leigos, os bispos podem excluir a modalidade da comunhão com a cânula ou a colher, quando isso não for costume, mas permanecendo sempre atento à possibilidade de administrar a comunhão por intinção. Se tal modalidade for usada, recorra-se a hóstias que não sejam muito finas nem demasiadamente pequenas, e o comungante receba o sacramento do sacerdote somente na boca.[33]

---

[31] MISSALE ROMANUM. Institutio Generalis, n. 285a.
[32] Ibidem, n. 245.
[33] Cf. ibidem, nn. 285b e 287.

104. Não seja permitido que o comungante molhe por si mesmo a hóstia no cálice, nem que receba na mão a hóstia molhada. Que a hóstia para a intinção seja feita de matéria válida e seja consagrada, excluindo-se totalmente o uso do pão não-consagrado ou feito de outra matéria.

105. Se não for suficiente apenas um cálice para distribuir a comunhão sob as duas espécies aos sacerdotes concelebrantes ou aos fiéis, nada impede que o sacerdote celebrante use mais cálices.[34] De fato, deve ser lembrado que todos os sacerdotes que celebram a santa missa devem comungar sob as duas espécies. Em razão do sinal, é louvável servir-se de um cálice principal maior juntamente com outros cálices de menores dimensões.

106. Entretanto, abstenha-se de passar o Sangue de Cristo de um cálice para outro após a consagração, para evitar qualquer coisa que possa ser desrespeitosa a tão grande mistério. Para receber o Sangue do Senhor não se usem em nenhum caso canecas, crateras ou outras vasilhas não integralmente correspondentes às normas estabelecidas.

107. Segundo a norma estabelecida pelos cânones, "quem joga fora as espécies consagradas ou as subtrai ou conserva para fim sacrílego incorre em excomunhão *latae sententiae* reservada à Sé apostólica; além disso, o clérigo pode ser punido com outra pena, não excluída a demissão do estado clerical".[35] Deve ser considerada pertencente a esse caso qualquer ação voluntária e gravemente voltada

---

[34] Cf. ibidem, nn. 207 e 285a.

[35] Cf. *Código de Direito Canônico*, cân. 1367.

para desprezar as sagradas espécies. Portanto, se alguém age contra as supracitadas normas, jogando, por exemplo, as sagradas espécies no sacrário num lugar indigno ou no chão, incorre nas penas estabelecidas.[36] Além disso, tenha-se presente, no final da distribuição da santa comunhão durante a celebração da missa, que devem ser observadas as prescrições do Missal Romano e, sobretudo, que aquilo que restar eventualmente do Sangue de Cristo deve ser imediata e inteiramente consumido pelo sacerdote ou, segundo as normas, por outro ministro, enquanto as hóstias consagradas que sobrarem devem ser imediatamente consumidas no altar pelo sacerdote ou levadas a um lugar apropriado, destinado para conservar a Eucaristia.[37]

---

[36] Cf. PONT. CONS. PARA A INTERPRETAÇÃO DOS TEXTOS LEGISLATIVOS. Responsio ad propositum dubium, 3 de julho de 1999: AAS 91 (1999), p. 918.

[37] Cf. MISSALE ROMANUM. Institutio Generalis, nn. 163 e 284.

Capítulo V

OUTROS ASPECTOS REFERENTES À EUCARISTIA

1. O lugar da celebração da santa missa

108. "A celebração eucarística deve realizar-se em lugar sagrado, a não ser que, em caso particular, a necessidade exija outra coisa; neste caso, deve-se fazer a celebração em lugar decente".[1] Normalmente, é o bispo diocesano quem deve avaliar caso a caso tal necessidade para a própria diocese.

109. Nunca é permitido a um sacerdote celebrar no templo ou lugar sagrado de uma religião não-cristã.

2. Diversas circunstâncias relativas à santa missa

110. "Lembrando-se sempre de que no mistério do sacrifício eucarístico se exerce continuamente a obra da redenção, os sacerdotes celebrem freqüentemente; e mais, recomenda-se com insistência a celebração cotidiana, a qual, mesmo não se podendo ter a presença de fiéis, é um ato de

---

[1] *Código de Direito Canônico*, cân. 932, § 1; cf. S. Cong. para o Culto Divino. Instrução *Liturgicae instaurationes*, n. 9: AAS 62 (1970), p. 701.

Cristo e da Igreja, em cuja realização os sacerdotes desempenham seu múnus principal".[2]

111. Um sacerdote seja admitido para celebrar ou concelebrar a Eucaristia "mesmo desconhecido do reitor da igreja, contanto que apresente documento de recomendação" do seu Ordinário ou Superior, dado há menos de um ano, ou prudentemente se possa julgar que não esteja impedido de celebrar.[3] Os bispos providenciem para que costumes contrários sejam eliminados.

112. A missa celebra-se em língua latina ou em outra língua, desde que se recorram a textos litúrgicos aprovados segundo a norma do direito. Exceto nas celebrações da Missa, que devem ser realizadas na língua do povo segundo os horários e os tempos estabelecidos pela autoridade eclesiástica, sempre e em todos os lugares é permitido aos sacerdotes celebrar em latim.[4]

113. Quando a missa é concelebrada por mais sacerdotes, ao rezar a oração eucarística, use-se a língua conhecida

---

[2] *Código de Direito Canônico*, cân. 904; cf. Conc. Ecum. Vaticano II. Const. dogm. sobre a Igreja *Lumen gentium*, n. 3; Decreto sobre o ministério e a vida sacerdotal *Presbyterorum ordinis*, n. 13; cf. também Conc. Ecum. de Trento, Sessão XXII, 17 de setembro de 1562, o SS. Sacrificio da Missa, cap. 6: DS 1747; Paulo VI. Carta encíclica *Mysterium fidei*, 3 de setembro de 1965: AAS 57 (1965), pp. 753-774, aqui pp. 761-762; cf. João Paulo II. Carta encíclica *Ecclesia de Eucharistia*, n. 11: AAS 95 (2003), pp. 440-441; S. Cong. Dos Ritos. Instrução *Eucharisticum mysterium*, n. 44: AAS 59 (1967), p. 564; Missale Romanum. Institutio Generalis, n. 19.

[3] Cf. *Código de Direito Canônico*, cân. 903; Missale Romanum. Institutio Generalis, n. 200.

[4] Cf. Conc. Ecum. Vaticano II. Const. sobre a sagrada liturgia *Sacrosanctum Concilium*, n. 36, par. 1; *Código de Direito Canônico*, cân. 928.

por todos os sacerdotes ou pelo povo reunido. Se, por acaso, houver entre os sacerdotes alguns que não conheçam a língua da celebração, de tal modo que não consigam pronunciar devidamente as partes da oração eucarística que lhe são próprias, não concelebrem, mas preferivelmente assistam à celebração segundo as normas, usando as vestes corais.[5]

114. "Nas missas dominicais da paróquia, como 'comunidade eucarística', é normal que se reencontrem os diversos grupos, movimentos, associações e as mesmas pequenas comunidades religiosas nela presentes".[6] Embora seja possível, segundo o direito, celebrar a missa para grupos particulares, tais grupos, porém, não são dispensados da fiel observância das normas litúrgicas.[7]

115. Deve ser reprovado o abuso de suspender de modo arbitrário a celebração da santa missa para o povo, contra as normas do Missal Romano e a sã tradição do rito romano, com o pretexto de promover "o jejum eucarístico".

116. Não se multipliquem as missas, contra a norma do direito e, quanto às ofertas para a intenção da missa, sejam observadas todas as regras vigentes em força do direito.[8]

---

[5] Cf. MISSALE ROMANUM. Institutio Generalis, n. 114.

[6] JOÃO PAULO II. Carta apostólica *Dies Domini*, n. 36: AAS 90 (1998), pp. 713-766, aqui 735; cf. também S. CONG. DOS RITOS. Instrução *Eucharisticum mysterium*, n. 27: AAS 59 (1967), p. 556.

[7] JOÃO PAULO II. Carta apostólica *Dies Domini*, sobretudo n. 36: AAS 90 (1998), pp. 735-736; S. CONG. PARA O CULTO DIVINO. Instrução *Actio pastoralis*, 15 de maio de 1969: AAS 61 (1969), pp. 806-811.

[8] Cf. *Código de Direito Canônico*, cân. 905, 945-958; cf. CONG. PARA O CLERO. Decreto *Mos iugiter*, 22 de fevereiro de 1991: AAS 83 (1991), pp. 443-446.

3. Os vasos sagrados

117. Os vasos sagrados, destinados a acolher o Corpo e o Sangue do Senhor, sejam rigorosamente moldados segundo a tradição e os livros litúrgicos.[9] É dada a faculdade às Conferências dos Bispos estabelecer, com a confirmação da Santa Sé, se for oportuno, que os vasos sagrados sejam fabricados também com outros materiais sólidos. Entretanto, exige-se rigorosamente que tais materiais sejam de fato nobres segundo o comum julgamento de cada região,[10] de tal modo que com o uso deles se preste honra ao Senhor e se evite totalmente o risco de reduzir aos olhos dos fiéis a doutrina da presença real de Cristo nas espécies eucarísticas. Portanto, é reprovado qualquer uso segundo o qual se sirva na celebração da missa de vasos comuns ou de má qualidade ou sem qualquer valor artístico, ou de simples cestinhos ou outros vasos de vidro, barro, argila ou outro material que se quebre facilmente. Isso vale também para os metais e outros materiais que se alteram facilmente.[11]

118. Os vasos sagrados, antes de ser usados, devem ser bentos pelo sacerdote segundo os ritos prescritos nos livros litúrgicos.[12] É recomendável que a bênção seja dada

---

[9] Cf. MISSALE ROMANUM. Institutio Generalis, nn. 327-333.

[10] Cf. ibidem, n. 332.

[11] Cf. MISSALE ROMANUM. Institutio Generalis, n. 332; S. CONG. PARA OS SACRAMENTOS E O CULTO DIVINO. Instrução *Inaestimabile donum*, n. 16: AAS 72 (1980), p. 338.

[12] Cf. MISSALE ROMANUM. Institutio Generalis, n. 333; Appendix IV. *Ordo benedictionis calicis et patenae intra Missam adhibendans*, pp. 1.255-1.257; PONTIFICALE ROMANUM *ex decreto sacrosancti Oecumenici Concilii Vaticani II instauratum, auctoritate Pauli Pp. VI promulgatum*, Ordo Dedicationis ecclesiae et altaris, editio typica, diei 29 maii 1977, Typis Polyglottis Vaticanis, 1977, cap. VII, pp. 125-132.

pelo bispo diocesano, que avaliará se os vasos são aptos para o uso ao qual são destinados.

119. O sacerdote, tendo voltado ao altar após a distribuição da comunhão, de pé junto ao altar ou a uma mesa, purifica a patena ou o cibório sobre o cálice, segundo as prescrições do missal, e enxuga o cálice com o sanguinho. Se o diácono estiver presente, voltará ao altar juntamente com o sacerdote e purificará os vasos. Contudo, se são muitos os vasos a serem purificados oportunamente, é permitido deixá-los cobertos sobre o altar ou sobre a credência em cima do corporal, e que o sacerdote ou o diácono os purifiquem logo após a missa, depois de ter despedido o povo. Do mesmo modo, o acólito instituído ajudará o sacerdote ou o diácono a purificar e arrumar os vasos sagrados sobre o altar ou sobre a credência. Na ausência do diácono, o acólito instituído levará os vasos sagrados até a credência, os enxugará e os arrumará como de costume.[13]

120. Os pastores cuidem para manter constantemente limpas as alfaias da mesa sagrada, em particular as destinadas a acolher as sagradas espécies, e lavá-las freqüentemente segundo a praxe tradicional. É recomendável que a água da primeira lavada, que deve ser feita manualmente, seja derramada na terra ou em um outro lugar apropriado. Depois, pode-se lavar novamente do modo costumeiro.

---

[13] Cf. MISSALE ROMANUM. Institutio Generalis, nn. 163, 183, 192.

4. As vestes litúrgicas

121. "As diferentes cores das vestes litúrgicas visam manifestar, inclusive externamente, o caráter dos mistérios da fé que são celebrados e também a consciência de uma vida cristã que progride com o desenrolar do ano litúrgico".[14] Na realidade, a diversidade "das tarefas na celebração da sagrada liturgia se manifesta exteriormente pela diferença das vestes sagradas. Convém que as vestes sagradas contribuam para a beleza da ação sagrada".[15]

122. "A alva é cingida à cintura pelo cíngulo, a não ser que seu feitio o dispense. Antes de vestir a alva, põe-se o amicto, caso ela não cubra completamente as vestes comuns que circundam o pescoço".[16]

123. "A não ser que se disponha de outro modo, a veste própria do sacerdote celebrante, tanto na missa como em outras ações sagradas em conexão com ela, é a casula sobre a alva e a estola".[17] Igualmente, o sacerdote que usa a casula segundo as rubricas não deixe de vestir a estola. Todos os Ordinários providenciem para que qualquer uso contrário seja eliminado.

124. O missal romano faculta aos sacerdotes que concelebram a Missa ao lado do celebrante principal, que sempre deve usar a casula da cor prescrita, de poder omitir,

---

[14] Ibidem, n. 345.
[15] Ibidem, n. 335.
[16] Cf. ibidem, n. 336.
[17] Cf. ibidem, n. 337.

havendo justa causa, como, por exemplo, o elevado número de concelebrantes e a falta de paramentos, "a casula, usando a estola sobre a alva".[18] Entretanto, sendo possível prever essa situação, providencie-se aquilo que for possível. Aqueles que concelebram podem, além do sacerdote principal, vestir, por necessidade, a casula de cor branca. Quanto ao resto, observem-se as normas dos livros litúrgicos.

125. A veste própria do diácono é a dalmática sobre a alva e a estola. A fim de preservar uma insigne tradição da Igreja, é recomendável não se valer da faculdade de omitir a dalmática.[19]

126. É reprovável o abuso segundo o qual os ministros sagrados — inclusive quando participa um só ministro — celebram a santa missa, contrariando as prescrições dos livros litúrgicos, sem as vestes sagradas ou somente com a estola sobre a cogula monástica ou o hábito religioso ou uma roupa comum.[20] Os Ordinários providenciem para que tais abusos sejam corrigidos quanto antes e para que em todas as igrejas e oratórios sob sua jurisdição haja um suficiente número de vestes litúrgicas confeccionadas segundo as normas.

127. Nos livros litúrgicos, dá-se especial faculdade de usar nos dias mais solenes as sagradas vestes festivas, ou seja, de maior dignidade, mesmo que não sejam da cor

---

[18] Cf. ibidem, n. 209.
[19] Cf. ibidem, n. 338.
[20] Cf. SAG. CONG. PARA O CULTO DIVINO. Instrução *Liturgicae instaurationis*, n. 8c: AAS 62 (1970), p. 701.

do dia.[21] Essa faculdade, porém, que se refere propriamente a vestes confeccionadas há muito tempo com a finalidade de preservar o patrimônio da Igreja, é impropriamente estendida a inovações de modo tal que, deixando de lado os usos transmitidos, assumam formas e cores segundo gostos subjetivos, reduzindo assim o sentido de tal norma em detrimento da tradição. Num dia festivo, as vestes sagradas de cor dourada ou prateada podem substituir, segundo a oportunidade, as de outra cor, mas não as vestes roxas e negras.

128. A santa missa e as outras celebrações litúrgicas, que são ações de Cristo e do povo de Deus hierarquicamente constituído, sejam de tal modo ordenadas que os sagrados ministros e os fiéis leigos possam claramente participar delas segundo a própria condição. Portanto, "é preferível que os presbíteros presentes à concelebração eucarística, se não tiverem uma justa causa, exerçam comumente o ministério da própria Ordem e, portanto, participem como concelebrantes, usando as vestes sagradas. Do contrário, usem o próprio hábito coral ou a sobrepeliz com a veste talar."[22]

Não é decoroso que participem da missa, no que se refere ao aspecto externo, à maneira de fiéis leigos.

---

[21] Cf. MISSALE ROMANUM. Institutio Generalis, n. 346g.
[22] Ibidem, n. 114; cf. nn. 16-17.

Capítulo VI

A CONSERVAÇÃO DA SANTÍSSIMA EUCARISTIA E O SEU CULTO FORA DA MISSA

1. A conservação da Santíssima Eucaristia

129. "A celebração da Eucaristia no sacrifício da missa é verdadeiramente a origem e o fim do culto eucarístico fora da missa. Após a missa, as espécies sagradas sejam conservadas sobretudo para que os fiéis, e de modo particular os doentes e os anciãos que não puderem estar presentes na missa, se unam, mediante a comunhão sacramental, a Cristo e ao seu sacrifício, imolado e oferecido na missa".[1] Além disso, tal conservação permite também a prática de adorar esse grande Sacramento e prestar a ele culto de latria, que se deve a Deus. Portanto, é preciso que se promovam certas formas cultuais de adoração não apenas privada, mas também pública e comunitária instituídas ou aprovadas validamente pela própria Igreja.[2]

130. "Segundo a estrutura de cada igreja e os legítimos costumes locais, o Santíssimo Sacramento seja con-

---

[1] S. Cong. para o Culto Divino. Decreto *Eucharistiae sacramentum*, 21 de junho de 1973: AAS 65 (1973), p. 610.

[2] Cf. ibidem.

servado no tabernáculo em uma parte da igreja de particular dignidade, elevada, bem visível e decorosamente ornamentada", sendo ela também "adequada à oração" graças à tranqüilidade ao lugar, do espaço diante do tabernáculo e à presença de bancos ou cadeiras e genuflexórios.[3] Além disso, procure-se observar com cuidado todas as prescrições dos livros litúrgicos e as normas do direito,[4] especialmente para evitar o perigo de profanação.[5]

131. Além do prescrito no cân. 9334, par. 1, é proibido conservar o Santíssimo Sacramento num lugar que não esteja sob a segura autoridade do bispo diocesano ou onde exista perigo de profanação. Nesse caso, o bispo diocesano revogue imediatamente a licença de conservação da Eucaristia anteriormente concedida.[6]

132. Ninguém leve para casa ou para qualquer outro lugar a Santíssima Eucaristia, contrariando as normas do direito. Além disso, tenha-se presente que subtrair ou manter para finalidade sacrílega, ou jogar fora as espécies consagra-

---

[3] Cf. S. CONG. DOS RITOS, Instrução *Eucharisticum mysterium*, n. 54: AAS 59 (1967), p. 568; Instrução *Inter Oecumenici*, 26 de setembro de 1964, n. 95: AAS 56 (1964), p. 898; MISSALE ROMANUM. Institutio Generalis, n. 314.

[4] Cf. JOÃO PAULO II. Carta *Dominicae Cenae*, n. 3: AAS 72 (1980), pp. 117-119; S. CONG. DOS RITOS. Instrução *Eucharisticum mysterium*, n. 53: AAS 59 (1967), p. 568; *Código de Direito Canônico*, cân. 938, § 2; RITUALE ROMANUM. De sacra Communione et de cultu Mysterii eucharistici extra Missam, Praenotanda, n. 9; MISSALE ROMANUM. Institutio Generalis, nn. 314-317.

[5] Cf. *Código de Direito Canônico*, cân. 938, §§ 3-5.

[6] S. CONG. PARA A DISCIPLINA DOS SACRAMENTOS. Instrução *Nullo unquam*, 26 de maio de 1938, n. 10d: AAS 30 (1938), p. 206.

das são atos que entram naqueles *graviora delicta*, cuja absolvição é reservada à Congregação para a Doutrina da Fé.[7]

133. O sacerdote, ou o diácono, ou o ministro extraordinário que, na ausência ou diante de impedimento do ministro ordinário, transporta a Santíssima Eucaristia para administrar a comunhão a um doente, dirija-se do lugar onde o Sacramento é conservado até a casa do enfermo percorrendo um trajeto possivelmente reto e deixando qualquer outra ocupação, de maneira a evitar qualquer risco de profanação e para reservar a máxima reverência ao Corpo de Cristo. Observe-se sempre o rito da administração da comunhão aos doentes como está prescrito no ritual romano.[8]

2. Algumas formas de culto da Santíssima Eucaristia fora da missa

134. "O culto prestado à Eucaristia fora da missa é de valor inestimável na vida da Igreja, e está ligado intimamente com a celebração do sacrifício eucarístico."[9] Portanto, promova-se com empenho a piedade tanto pública quanto privada para com a Santíssima Eucaristia também

---

[7] Cf. João Paulo II. Motu proprio *Sacramentorum sanctitatis tutela*, 30 de abril de 2001: AAS 93 (2001), pp. 737-739; Cong. para a Doutrina da Fé. Carta aos bispos da Igreja Católica e aos outros Ordinários e hierarcas interessados: sobre os delitos mais graves reservados à própria Congregação para a Doutrina da Fé: AAS 93 (2001), p. 786.

[8] Cf. Rituale Romanum. De sacra Communione et de cultu Mysterii eucharistici extra Missam, nn. 26-78.

[9] João Paulo II. Carta encíclica *Ecclesia de Eucharistia*, n. 25: AAS 95 (2003), pp. 449-450.

fora da missa, a fim de que os fiéis prestem culto de adoração a Cristo verdadeira e realmente presente,[10] o qual é "sumo sacerdote dos bens futuros"[11] e redentor do universo. "Compete aos Pastores, até mesmo pelo testemunho pessoal, estimular o culto eucarístico, de modo particular as exposições do Santíssimo Sacramento e também as visitas de adoração a Cristo presente sob as espécies eucarísticas."[12]

135. Os fiéis "durante o dia não deixem de fazer visita ao Santíssimo Sacramento, como prova de gratidão, sinal de amor e dívida de agradecimento a Cristo Senhor aí presente".[13] De fato, a adoração de Jesus presente no Santíssimo Sacramento, como comunhão de desejo, une fortemente o fiel a Cristo, como fica claro pelo exemplo de muitos santos.[14] "A não ser que obste motivo grave, a igreja em que se conserva a Santíssima Eucaristia esteja aberta

---

[10] Cf. CONC. ECUM. DE TRENTO. Sessão XIII, 11 de outubro de 1551, Decreto sobre a Eucaristia, cap. 5: DS 1643; PIO XII. Carta encíclica *Mediator Dei*: AAS 39 (1947), p. 569; PAULO VI. Carta encíclica *Mysterium fidei*: AAS 57 (1965), pp. 769-770; S. CONG. DOS RITOS. Instrução *Eucharisticum mysterium*, n. 3f: AAS 59 (1967), p. 543; S. CONG. PARA O CULTO DIVINO E A DISC. DOS SACRAMENTOS. Instrução *Inaestimabile donum*, n. 20: AAS 72 (1980), p. 339; JOÃO PAULO II. Carta encíclica *Ecclesia de Eucharistia*, n. 25: AAS 95 (2003), pp. 449-450.

[11] Cf. Hb 9,11; JOÃO PAULO II. Carta encíclica *Ecclesia de Eucharistia*, n. 3: AAS 95 (2003), p. 435.

[12] JOÃO PAULO II. Carta encíclica *Ecclesia de Eucharistia*, n. 25: AAS 95 (2003), p. 450.

[13] PAULO VI. Carta encíclica *Mysterium fidei*, 3 de setembro de 1965: AAS 57 (1965), p. 771.

[14] Cf. JOÃO PAULO II. Carta encíclica *Ecclesia de Eucharistia*, n. 25: AAS 95 (2003), pp. 449-450.

todos os dias aos fiéis, ao menos durante algumas horas, a fim de que eles possam dedicar-se à oração diante do Santíssimo Sacramento".[15]

136. O Ordinário encoraje muito vivamente a adoração eucarística, tanto breve como prolongada ou quase contínua, com a participação do povo. De fato, nos últimos anos, "em muitos lugares, é dedicado amplo espaço à adoração do Santíssimo Sacramento, tornando-se fonte inesgotável de santidade", embora ainda haja lugares "onde se verifica um abandono quase completo do culto de adoração eucarística".[16]

137. A exposição da Santíssima Eucaristia seja feita sempre segundo as prescrições dos livros litúrgicos.[17] Também não se exclua a recitação do rosário, admirável "em sua simplicidade e grandeza",[18] diante do Santíssimo Sacramento conservado e exposto. Entretanto, sobretudo quando se faz a exposição, mostre-se o caráter dessa oração como contemplação dos mistérios da vida de Cristo Redentor e do plano de salvação do Pai onipotente, usando principalmente leituras tiradas da Sagrada Escritura.[19]

---

[15] *Código de Direito Canônico*, cân. 937.

[16] João Paulo II. Carta encíclica *Ecclesia de Eucharistia*, n. 10: AAS 95 (2003), p. 439.

[17] Cf. Rituale Romanum. De sacra Communione et de cultu Mysterii eucharistici extra Missam, nn. 82-100; Missale Romanum. Institutio Generalis, n. 317; *Código de Direito Canônico*, cân. 941, § 2.

[18] João Paulo II. Carta apostólica *Rosarium Virginis Mariae*, 16 de outubro de 2002: AAS 95 (2003), pp. 5-36, aqui n. 2, p. 6.

[19] Cf. Cong. para o Culto Div. e a Disc. dos Sacramentos. Carta da Congregação, 15 de janeiro de 1997: *Notitiae* 34 (1998), pp. 506-510; Penit. Apost. Carta a um sacerdote, 8 de março de 1996: *Notitiae* 343 (1998), p. 511.

138. Contudo, o Santíssimo Sacramento jamais deve permanecer exposto, mesmo que por brevíssimo tempo, sem a guarda suficiente. Portanto, providencie-se para que, em tempos estabelecidos, alguns fiéis estejam presentes, ao menos em turno.

139. Se o bispo diocesano tem ministros sacros ou outros destinados para essa função, é direito dos fiéis fazer muitas vezes visita ao Santíssimo Sacramento para adoração e, ao menos de vez em quando durante o ano, tomar parte na adoração da Santíssima Eucaristia exposta.

140. Recomenda-se especialmente que nas cidades, ou ao menos nos municípios maiores, o bispo diocesano designe uma igreja para a adoração perpétua, na qual porém se celebre freqüentemente, e se possível diariamente, a santa missa, interrompendo rigorosamente a exposição no momento em que se desenvolve a função.[20] É melhor que a hóstia a ser exposta durante a adoração seja consagrada na missa que precede imediatamente o tempo da adoração e colocada no ostensório sobre o altar após a comunhão.[21]

141. O bispo diocesano reconheça e, segundo as possibilidades, encoraje os fiéis no direito deles de constituir confrarias e associações para a prática da adoração, inclusive perpétua. Se tais associações assumirem caráter interna-

---

[20] Cf. S. Cong. dos Ritos. Instrução *Eucharisticum mysterium*, n. 61: AAS 59 (1967), p. 571; Rituale Romanum De sacra Communione et de cultu Mysterii eucharistici extra Missam, n. 83; Missale Romanum Institutio Generalis, n. 317; *Código de Direito Canônico*, cân. 941, par. 2.

[21] Cf. Rituale Romanum. De sacra Communione et de cultu Mysterii eucharistici extra Missam, n. 94.

cional, compete à Congregação para o Culto Divino e a Disciplina dos Sacramentos erigi-las ou aprovar seus estatutos.[22]

3. As procissões e os congressos eucarísticos

142. "Compete ao bispo diocesano estabelecer normas sobre as procissões, assegurando a participação e dignidade delas",[23] e promover a adoração dos fiéis.

143. "Onde for possível, a juízo do bispo diocesano, em testemunho público de veneração para com a Santíssima Eucaristia, principalmente na solenidade do Corpo e Sangue de Cristo, haja procissão pelas vias públicas,"[24] porque "a devota participação dos fiéis na procissão eucarística da solenidade do Corpo e Sangue de Cristo é uma graça do Senhor que anualmente enche de alegria quantos dela participam."[25]

144. Embora em alguns lugares isto não seja possível, contudo é preciso que não se perca a tradição de fazer as procissões eucarísticas. Procurem-se, nas circunstâncias atuais, novas maneiras de praticá-las, como por exemplo

---

[22] Cf. João Paulo II. Const. apost. *Pastor bonus*, art. 65: AAS 80 (1988), p. 877.

[23] *Código de Direito Canônico*, cân. 944, § 2; cf. Rituale Romanum, De sacra Communione et de cultu Mysterii eucharistici extra Missam, Praenotanda, n. 102; Missale Romanum. Institutio Generalis, n. 317.

[24] *Código de Direito Canônico*, cân. 944, § 1; cf. Rituale Romanum. De sacra Communione et de cultu Mysterii eucharistici extra Missam, Praenotanda, nn. 101-102; Missale Romanum. Institutio Generalis, n. 317.

[25] João Paulo II. Carta encíclica *Ecclesia de Eucharistia*, n. 10: AAS 95 (2003), p. 439.

junto aos santuários, dentro de propriedades eclesiásticas ou, com a permissão da autoridade civil, nas praças públicas.

145. Considere-se de grande valor a utilidade pastoral dos congressos eucarísticos, que "devem ser sinal verdadeiro de fé e caridade".[26] Que sejam preparados com cuidado e realizados segundo o estabelecido,[27] para que os fiéis possam venerar os sagrados mistérios do Corpo e do Sangue do Filho de Deus de modo que sintam em si mesmos incessantemente o fruto da redenção.[28]

---

[26] Cf. RITUALE ROMANUM. De sacra Communione et de cultu Mysterii eucharistici extra Missam, Praenotanda, n. 109.

[27] Cf. ibidem, nn. 109-112.

[28] Cf. MISSALE ROMANUM. In sollemnitate sanctissimi Corporis et Sanguinis Christi, Collecta, p. 489.

Capítulo VII

AS FUNÇÕES EXTRAORDINÁRIAS DOS FIÉIS LEIGOS

146. O sacerdócio ministerial não pode ser de maneira alguma substituído. De fato, se faltar o sacerdote numa comunidade, ela não possui o exercício da função sacramental de Cristo, Chefe e Pastor, que pertence à própria essência da vida da comunidade.[1] De fato, "somente o sacerdote validamente ordenado é o ministro que, fazendo as vezes de Cristo, é capaz de realizar o sacramento da Eucaristia".[2]

147. Entretanto, se a necessidade da Igreja o exigir, na falta dos ministros sagrados, os fiéis leigos podem, segundo a norma do direito, supri-los em algumas funções litúrgicas.[3]

---

[1] Cf. CONG. PARA O CLERO E OUTRAS. Instrução *Ecclesiae de mysterio*, Princípios teológicos, n. 3: AAS 89 (1997), p. 859.

[2] *Código de Direito Canônico*, cân. 900, § 1; cf. CONC. ECUM. DE LATRÃO IV, 11-30 de novembro de 1215, cap. 1: DS 802; CLEMENTE VI. Carta a Mekhitar, Catholicon Armeniorum, *Super quibusdam*, 29 de setembro de 1351: DS 1084; CONC. ECUM. DE TRENTO, Sessão XXIII, 15 de julho de 1563, Doutrina e cânones sobre a sagrada ordenação, cap. 4: DS 1767-1770; PIO XII. Carta encíclica *Mediator Dei*: AAS 39 (1947), p. 553.

[3] Cf. *Código de Direito Canônico*, cân. 230, § 3; JOÃO PAULO II. Discurso no simpósio sobre a participação dos fiéis leigos no ministério pastoral dos sacerdotes, n. 2, 22 de abril de 1994: *L'Osservatore Romano*, 23 de abril de 1994; CONG. PARA O CLERO E OUTRAS. Instrução *Ecclesiae de mysterio*, Proêmio: AAS 89 (1997), pp. 852-856.

Tais fiéis são chamados e delegados a exercer determinadas tarefas, de maior ou menor importância, sustentados pela graça do Senhor. Muitos fiéis leigos já se dedicaram e ainda se dedicam com solicitude a esse serviço, sobretudo em terras de missão, em que a Igreja é pouco difundida ou se acha em condições de perseguição,[4] mas também em outras regiões onde faltam sacerdotes e diáconos.

148. De modo particular, deve ser considerada de grande importância a instituição dos catequistas, que forneceram e fornecem com grande empenho uma ajuda única e absolutamente necessária para a difusão da fé e da Igreja.[5]

149. Em algumas dioceses de evangelização mais antiga, recentemente fiéis leigos receberam a função de "assistentes pastorais"; muitos dos quais sem dúvida contribuíram para o bem da Igreja, cooperando na ação pastoral própria dos bispos, dos sacerdotes e dos diáconos. Contudo, cuide-se para que o perfil dessa tarefa não seja por demais assimilado à forma do ministério pastoral dos clérigos. Isto é, deve-se cuidar para que os "assistentes pastorais" não assumam funções que competem propriamente ao ministério dos sagrados ministros.

150. A atividade do assistente pastoral seja dirigida para agilizar o ministério dos sacerdotes e dos diáconos,

---

[4] Cf. JOÃO PAULO II. Carta encíclica *Redemptoris missio*, nn. 53-54: AAS 83 (1991), pp. 300-302; CONG. PARA O CLERO E OUTRAS. Instrução *Ecclesiae de mysterio*, Proêmio: AAS 89 (1997), pp. 852-856.

[5] Cf. CONC. ECUM. VATICANO II. Decreto sobre a atividade missionária da Igreja, *Ad gentes*, n. 17, 7 de dezembro de 1965; JOÃO PAULO II. Carta encíclica *Redemptoris missio*, n. 73: AAS 83 (1991), p. 321.

suscitar vocações ao sacerdócio e ao diaconato e preparar com zelo, segundo a norma do direito, os fiéis leigos a exercer em suas próprias comunidades as várias tarefas litúrgicas, conforme a multiplicidade dos carismas.

151. Somente em caso de verdadeira necessidade se deverá recorrer à ajuda dos ministros extraordinários na celebração da liturgia. De fato, isso não está previsto para assegurar uma participação mais plena dos leigos, mas é por sua natureza supletivo e provisório.[6] Além disso, se por necessidade se recorrer aos ofícios dos ministros extraordinários, multipliquem-se as orações especiais e contínuas ao Senhor, a fim de que envie logo um sacerdote para o serviço da comunidade e suscite com abundância as vocações às Ordens sagradas.[7]

152. Tais funções meramente substitutivas não se tornem, pois, pretexto para alterar o próprio ministério dos sacerdotes, de tal modo que estes descuidem da celebração da santa missa para o povo a eles confiado, da solicitude pessoal para com os doentes e do zelo de batizar as crianças, assistir aos matrimônios e celebrar as exéquias cristãs, que competem primeiramente aos sacerdotes com a ajuda dos diáconos. Não aconteça, portanto, que os sacerdotes nas paróquias troquem indiferentemente as funções de serviço pastoral com os diáconos ou os leigos, confundindo assim a especificidade de cada um.

---

[6] Cf. CONG. PARA O CLERO E OUTRAS. Instrução *Ecclesiae de mysterio*, Disposições práticas, art. 8, par. 2: AAS 89 (1997), p. 872.

[7] Cf. JOÃO PAULO II. Carta encíclica *Ecclesia de Eucharistia*, in. 32: AAS 95 (2003), p. 455.

153. Além disso, não é permitido aos leigos assumir as funções ou os paramentos do diácono ou do sacerdote, nem outras vestes semelhantes.

1. O ministro extraordinário da sagrada comunhão

154. Como já foi lembrado, "somente o sacerdote validamente ordenado é o ministro que, fazendo as vezes de Cristo, é capaz de realizar o sacramento da Eucaristia".[8] Por isso, o nome de "ministro da Eucaristia" cabe propriamente ao sacerdote. Também por motivo da sagrada Ordenação, os ministros ordinários da santa comunhão são os bispos, os sacerdotes e os diáconos,[9] aos quais compete, portanto, distribuir a santa comunhão aos fiéis leigos na celebração da santa missa. Assim, pois, se manifeste corretamente e em plenitude a função ministerial deles na Igreja e se realize o sinal sacramental.

155. Além dos ministros ordinários, há o acólito instituído, que é por instituição ministro extraordinário da santa comunhão até mesmo fora da celebração da missa. Além disso, se razões de verdadeira necessidade o exigirem, o bispo diocesano poderá delegar para essa finalidade, segundo a norma do direito,[10] um outro fiel leigo como ministro extraordinário, *ad actum* ou *ad tempus*, servindo-se

---

[8] *Código de Direito Canônico*, cân. 900, § 1.
[9] Cf. ibidem, cân. 910, § 1; cf. também JOÃO PAULO II. Carta *Dominicae Cenae*, n. 11: AAS 72 (1980), p. 142; CONG. PARA O CLERO E OUTRAS. Instrução *Ecclesiae de mysterio*, Disposições práticas, art. 8, par. 1: AAS 89 (1997), pp. 870-871.
[10] Cf. *Código de Direito Canônico*, cân. 230, § 3.

na circunstância da fórmula apropriada de bênção. Esse ato de delegação, porém, não tem necessariamente uma forma litúrgica e, se a possuir, não poderá de modo algum ser assimilado a uma sagrada Ordenação. Somente em casos particulares e imprevistos o sacerdote que preside a celebração eucarística poderá dar uma permissão[11] *ad actum*.

156. Esse ofício deve ser entendido no sentido estrito conforme a sua denominação de ministro extraordinário da santa comunhão, e não como "ministro especial da santa comunhão" ou "ministro extraordinário da Eucaristia" ou "ministro especial da Eucaristia", definições que amplificam indevida e impropriamente seu alcance.

157. Se, em geral, ministros sagrados suficientes estão presentes para a distribuição da santa comunhão, os ministros extraordinários da santa comunhão não podem ser delegados para essa tarefa. Em tais circunstâncias, aqueles que foram delegados para esse ministério, não o exerçam. É reprovável a praxe dos sacerdotes que, embora presentes à celebração, não distribuem a comunhão e encarregam os leigos para essa função.[12]

---

[11] Cf. S. Cong. para a Disciplina dos Sacramentos. Instrução *Immensae caritatis*, Proêmio: AAS 65 (1973), p. 264; Paulo VI. Motu proprio *Ministeria quaedam*, 15 de agosto de 1972: AAS 64 (1972), p. 532; Missale Romanum. Appendix III: Ritus ad deputandum ministrum sacrae Communionis ad actum distribuendae, p. 1.253; Cong. para o Clero e outras. Instrução *Ecclesiae de mysterio*, Disposições práticas, art. 8, par. 1: AAS 89 (1997), p. 871.

[12] Cf. S. Cong. para o Culto Divino e a Disc. dos Sacramentos. Instrução *Inaestimabile donum*, n. 10: AAS 72 (1980), p. 336; cf. Pont. Com. para a Interpretação Autêntica do Código de Direito Canônico. Responsio ad propositum dubium, 11 de julho de 1984: AAS 76 (1984), p. 746.

158. De fato, o ministro extraordinário da santa comunhão poderá administrar a comunhão somente quando faltam o sacerdote e o diácono, quando o sacerdote está impedido por doença, velhice ou outro motivo sério, ou quando o número de fiéis que se aproximam da comunhão é tão grande que a celebração da missa se prolongaria por muito tempo.[13] Entretanto, isso deve ser entendido no sentido que será considerada motivação insuficiente um breve prolongamento, segundo os costumes e a cultura do lugar.

159. De maneira alguma é permitido ao ministro extraordinário da santa comunhão delegar a administração da Eucaristia a um outro, como, por exemplo, o pai, o marido ou o filho do doente que vai comungar.

160. O bispo diocesano reexamine a praxe dos últimos anos sobre o assunto e a corrija de acordo com a oportunidade ou a determine com maior clareza. Se, por efetiva necessidade, tais ministros extraordinários são delegados de maneira mais ampliada, é preciso que o bispo diocesano publique normas particulares, por meio das quais, levando em conta a tradição da Igreja, estabeleça diretivas, de acordo com o direito, para o exercício dessa função.

---

[13] Cf. S. Cong. para a Disc. dos Sacramentos. Instrução *Immensae caritatis*, n. 1: AAS 65 (1973), pp. 264-271, aqui pp. 265-266; Pont. com. para a Interpretação Autêntica do Código de Direito Canônico, Responsio ad propositum dubium, 1º de junho de 1988: AAS 80 (1988), p. 1.373; Cong. para o Clero e outras. Instrução *Ecclesiae de mysterio*, Disposições práticas, art. 8, par. 2: AAS 89 (1997), p. 871.

2. A pregação

161. Como já foi dito, a homilia é, por sua importância e natureza, reservada ao sacerdote ou ao diácono durante a Missa.[14] Quanto às formas de pregação, se em circunstâncias particulares a necessidade o exigir ou em casos específicos a utilidade o requerer, poder-se-ão, segundo a norma do direito, admitir, para pregar na igreja ou num oratório fora da missa, os fiéis leigos.[15] Isso se dará somente na falta de ministros sagrados em alguns lugares, para supri-los, e não pode se transformar de caso absolutamente excepcional em fato corriqueiro, nem deve ser entendido como autêntica promoção do laicado.[16] Além disso, deve-se lembrar que a licença para permitir isso, sempre *ad actum*, compete aos Ordinários do lugar e não a outros, nem mesmo aos sacerdotes e diáconos.

3. As celebrações particulares que são feitas na ausência do sacerdote

162. A Igreja, no dia que recebe o nome de "domingo", reúne-se fielmente para comemorar, de maneira especial, na celebração da missa, a ressurreição do Senhor e todo o mistério pascal.[17] De fato, "a comunidade cristã se

---

[14] Cf. *Código de Direito Canônico*, cân. 767, § 1.

[15] Cf. ibidem, cân. 766.

[16] Cf. Cong. para o Clero e outras. Instrução *Ecclesiae de mysterio*, Diposições práticas, art. 2, par. 3-4: AAS 89 (1997), p. 865.

[17] Cf. João Paulo II. Carta apostólica *Dies Domini*, especialmente nn. 31-51: AAS 90 (1998), pp. 713-766, aqui pp. 731-746; João Paulo II. Carta apostólica *Novo Millenio ineunte*, nn. 35-36, 6 de janeiro de 2001: AAS 93 (2001), pp. 290-292; João Paulo II. Carta encíclica *Ecclesia de Eucharistia*, n. 41: AAS 95 (2003), pp. 460-461.

edifica a partir da Eucaristia, em que fixa suas raízes e apóia sua estrutura".[18] Portanto, o povo cristão tem o direito de que a Eucaristia seja celebrada em seu favor no domingo, nas festas de preceito, nos outros dias principais de festa e, quanto possível, também diariamente. Portanto, se no domingo numa paróquia ou em outra comunidade de fiéis for difícil celebrar a missa, o bispo diocesano avalie juntamente com o presbitério soluções oportunas.[19] Entre tais soluções, as principais serão: chamar outros sacerdotes para essa finalidade ou solicitar aos fiéis que se dirijam a uma igreja em algum local próximo para participar do mistério eucarístico.[20]

163. Todos os sacerdotes, aos quais foram confiados o sacerdócio e a Eucaristia "para o bem" dos outros,[21] tenham em mente que é seu dever oferecer a todos os fiéis a oportunidade de poder satisfazer o preceito de participar da missa aos domingos.[22] De sua parte, os fiéis leigos têm

---

[18] CONC. ECUM. VATICANO II. Decreto sobre o ministério e a vida sacerdotal, *Presbyterorum ordinis*, n. 6; cf. JOÃO PAULO II. Carta encíclica *Ecclesia de Eucharistia*, nn. 22 e 33: AAS 95 (2003), pp. 448 e 455-456.

[19] Cf. S. CONG. DOS RITOS. Instrução *Eucharisticum mysterium*, n. 26: AAS 59 (1967), pp. 555-556; CONG. PARA O CULTO DIVINO. Diretório para as celebrações dominicais na ausência do sacerdote, *Christi Ecclesia*, nn. 5 e 25, 2 de junho de 1988: *Notitiae* 24 (1988), pp. 366-378, aqui 367 e 372.

[20] Cf. CONG. PARA O CULTO DIVINO. Diretório para as celebrações dominicais na ausência do sacerdote, *Christi Ecclesia*, n. 18, 2 de junho de 1988: *Notitiae* 24 (1988), pp. 366-378, aqui p. 370.

[21] Cf. JOÃO PAULO II. Carta *Dominicae Cenae*, n. 2: AAS 72 (1980), p. 116.

[22] Cf. JOÃO PAULO II. Carta apostólica *Dies Domini*, n. 49: AAS 90 (1998), p. 744; Carta encíclica *Ecclesia de Eucharistia*, n. 41: AAS 95 (2003), pp. 460-461; *Código de Direito Canônico*, cân. 1246-1247.

o direito de que nenhum sacerdote, a não ser diante de uma efetiva impossibilidade, jamais se recuse a celebrar a missa para o povo ou não permita que ela seja celebrada por um outro, se não for possível cumprir de outra maneira o preceito de participar da missa aos domingos e nos outros dias estabelecidos.

164. "Por falta de ministro sagrado ou por outra grave causa, se a participação na celebração eucarística se tornar impossível",[23] o povo cristão tem o direito de que o bispo diocesano providencie, segundo as possibilidades, para que seja realizada uma celebração para tal comunidade no domingo, sob sua autoridade e segundo as normas estabelecidas pela Igreja. Portanto, ficará aos cuidados de todos, tanto diáconos como fiéis leigos, para os quais será designada uma função por parte do bispo diocesano dentro dessas celebrações, "manter viva na comunidade uma verdadeira 'fome' da Eucaristia que leve a não perder nenhuma ocasião de ter a celebração da missa, até mesmo valendo-se da presença eventual de um sacerdote não impedido pelo direito da Igreja de celebrá-la".[24]

165. É preciso evitar com todo cuidado qualquer forma de confusão entre esse tipo de reuniões e a celebração

---

[23] *Código de Direito Canônico*, cân. 1248, § 2; cf. CONG. PARA O CULTO DIVINO. Diretório para as celebrações dominicais na ausência do sacerdote *Christi Ecclesia*, nn. 1-2, 2 de junho de 1988: *Notitiae* 24 (1988), pp. 366-378, aqui p. 366.

[24] JOÃO PAULO II. Carta encíclica *Ecclesia de Eucharistia*, n. 33: AAS 95 (2003), pp. 455-456.

eucarística.[25] Portanto, os bispos diocesanos avaliem com prudência se nessas reuniões se deva distribuir a santa comunhão. Para uma coordenação mais ampla, é oportuno que a questão seja determinada no âmbito da Conferência Episcopal, a fim de se chegar a uma resolução, com a confirmação por parte da Sé apostólica, mediante a Congregação para o Culto Divino e a Disciplina dos Sacramentos. Além disso, seria preferível, na ausência do sacerdote e do diácono, que as várias partes fossem distribuídas entre diversos fiéis e não apenas a um fiel leigo para dirigir toda a celebração. Em nenhum caso é apropriado dizer que um fiel leigo "preside" a celebração.

166. Igualmente, o bispo diocesano, somente ao qual compete resolver a questão, não conceda com facilidade que tais celebrações, sobretudo se nelas se distribui também a santa comunhão, sejam realizadas nos dias comuns e, mormente, em lugares nos quais se celebrou ou se poderá celebrar a missa no domingo anterior ou sucessivo. Os sacerdotes são firmemente rogados a celebrarem, segundo as possibilidades, diariamente a santa missa para o povo numa das igrejas a eles confiadas.

167. "De igual modo, não se pode pensar em substituir a missa do domingo por celebrações ecumênicas da Palavra, encontros de oração comum com cristãos pertencentes às [...] comunidades eclesiais, ou pela participação

---

[25] Cf. CONG. PARA O CULTO DIVINO. Diretório para as celebrações dominicais na ausência do sacerdote *Christi Ecclesia*, n. 22, 2 de junho de 1988: *Notitiae* 24 (1988), pp. 366-378, aqui p. 371.

no seu serviço litúrgico".[26] Portanto, se o bispo diocesano, coagido pela necessidade, permitiu *ad actum* a participação dos católicos, os pastores cuidem para que entre os fiéis católicos não se gere confusão quanto à necessidade de participar da missa de preceito também nessas ocasiões, numa outra hora do dia.[27]

4. Aqueles que foram destituídos do estado clerical

168. "O clérigo que perde o estado clerical, de acordo com o direito, [...] fica proibido de exercer o poder de ordem".[28] Portanto, não lhe é permitido celebrar os sacramentos sob nenhum pretexto, salvo exclusivamente o caso excepcional previsto pelo direito;[29] nem é permitido aos fiéis recorrer a ele para a celebração, quando não houver justa causa que permita isso de acordo com o cân. 1335.[30]

---

[26] João Paulo II. Carta encíclica *Ecclesia de Eucharistia*, n. 30: AAS 95 (2003), pp. 453-454; cf. também Pont. Cons. para a Promoção da Unidade dos Cristãos. Diretório para a aplicação dos princípios e normas sobre o ecumenismo *La recherche de l'unité*, n. 115: AAS 85 (1993), p. 1.085.

[27] Cf. Pont. Cons. para a Promoção da Unidade dos Cristãos. Diretório para a aplicação dos princípios e normas sobre o ecumenismo *La recherche de l'unité*, n. 101: AAS 85 (1993), pp. 1.081-1.082.

[28] *Código de Direito Canônico*, cân. 292; cf. Pont. Cons. Para A Interpretação dos Textos Legislativos. Declaração sobre a reta interpretação do cân. 1335, segunda parte, C.I.C., n. 3, 15 de maio de 1997: AAS 90 (1998), p. 64.

[29] Cf. *Código de Direito Canônico*, cân. 976 e 986, § 2.

[30] Cf. Pont. Cons. para a Interpretação dos Textos Legislativos. Declaração sobre a reta interpretação do cân. 1335, segunda parte, C.I.C., nn. 1-2, 15 de maio de 1997: AAS 90 (1998), pp. 63-64.

Além disso, tais pessoas não façam a homilia[31] e jamais assumam algum encargo ou tarefa na celebração da sagrada liturgia, de modo que não se gere confusão entre os fiéis e a verdade não fique ofuscada.

---

[31] Quanto aos sacerdotes que obtiveram a dispensa do celibato, cf. S. CONG. PARA A DOUTRINA DA FÉ. Normas sobre a dispensa do celibato sacerdotal, *Normae substantiales*, art. 5, 14 de outubro de 1980; cf. também CONG. PARA O CLERO E OUTRAS. Instrução *Ecclesiae de mysterio*, Disposições práticas, art. 3, § 5: AAS 89 (1997), p. 865.

Capítulo VIII

Os remédios

169. Quando há abuso na celebração da sagrada liturgia, realiza-se uma autêntica contrafação da liturgia católica. Santo Tomás escreveu: "Incorre no vício de falsificação quem em nome da Igreja manifesta a Deus um culto contra a modalidade instituída por autoridade divina da Igreja e que lhe é costumeira".[1]

170. A fim de sanar tais abusos, aquilo "que em grau máximo urge é a formação bíblica e litúrgica do povo de Deus, dos pastores e dos fiéis",[2] de tal modo que a fé e a disciplina da Igreja em relação à sagrada liturgia sejam corretamente apresentadas e compreendidas. Entretanto, se os abusos persistirem, é preciso, de acordo com o direito, providenciar a tutela do patrimônio espiritual e dos direitos da Igreja, recorrendo a todos os meios legítimos.

171. Entre os vários abusos há aqueles que são objetivamente *graviora delicta,* os atos graves e outros que também deverão ser evitados e atentamente corrigidos. Levando em conta tudo aquilo que foi de modo particular tratado no

---

[1] S. Tomás de Aquino. *Summa Theologica,* II, 2, q. 93. a. 1.

[2] Cf. João Paulo II. Carta apostólica *Vicesimus quintus annus,* n. 15: AAS 81 (1989), p. 911; cf. também Conc. Ecum. Vaticano II. Constituição sobre a sagrada liturgia *Sacrosanctum Concilium,* nn. 15-19.

capítulo I desta Instrução, dever-se-á prestar agora atenção ao que se segue.

1. *Graviora delicta*

172. Os *graviora delicta* contra a santidade do Santíssimo Sacrifício e o sacramento da Eucaristia serão tratados segundo as "Normas relativas aos *graviora delicta* reservados à Congregação para a Doutrina da Fé",[3] isto é:

a) subtrair ou conservar com finalidade sacrílega ou jogar fora as espécies consagradas;[4]

b) tentar ação litúrgica do sacrifício eucarístico ou sua simulação;[5]

c) concelebração proibida do sacrifício eucarístico com ministros de comunidades eclesiais que não

---

[3] Cf. João Paulo II. Motu proprio *Sacramentorum sanctitatis tutela*, 30 de abril de 2001: AAS 93 (2001), pp. 737-739; Cong. para a Doutrina da Fé. Carta aos bispos da Igreja Católica e aos outros Ordinários e hierarcas interessados: sobre os delitos mais graves reservados à Congregação para a Doutrina da Fé: AAS 93 (2001), p. 786.

[4] Cf. *Código de Direito Canônico*, cân. 1367; Pont. Cons. para a Interpretação dos Textos Litúrgicos. Responsio ad propositum dubium, 3 de julho de 1999: AAS 91 (1999), p. 918; Cong. para a Doutrina da Fé. Carta aos bispos da Igreja Católica e aos outros Ordinários e hierarcas interessados: sobre os delitos mais graves reservados à Congregação para a Doutrina da Fé: AAS 93 (2001), p. 786.

[5] Cf. *Código de Direito Canônico*, cân. 1378, § 2, nn. 1 e 1379; Cong. para a Doutrina da Fé. Carta aos bispos da Igreja Católica e aos outros Ordinários e hierarcas interessados: sobre os delitos mais graves reservados à Congregação para a Doutrina da Fé: AAS 93 (2001), p. 786.

possuem a sucessão apostólica, nem reconhecem a dignidade sacramental da ordenação sacerdotal;[6]

d) consagrar com finalidade sacrílega uma matéria sem a outra na celebração eucarística ou também ambas fora da celebração eucarística.[7]

2. Atos graves

173. Embora o juízo sobre a gravidade da questão deva ser formulado de acordo com a doutrina comum da Igreja e as normas por ela estabelecidas, serão considerados atos sempre objetivamente graves aqueles que colocam em risco a validade e dignidade da Santíssima Eucaristia, ou aqueles que contrastam com os casos anteriormente apontados nos nn. 48-52, 56, 76-77, 79, 91-92, 94, 96, 101-102, 104, 106, 109, 111, 115, 117, 126, 131-133, 138, 153 e 168. Além disso, deve-se prestar atenção nas prescrições do Código de Direito Canônico e, em particular, em tudo o que está estabelecido pelos cânones 1364, 1369, 1373, 1376, 1380, 1384, 1385, 1386 e 1398.

---

[6] Cf. *Código de Direito Canônico*, cân. 908 e 1365; CONG. PARA A DOUTRINA DA FÉ. Carta aos bispos da Igreja Católica e aos outros Ordinários e hierarcas interessados: sobre os delitos mais graves reservados à Congregação para a Doutrina da Fé: AAS 93 (2001), p. 786.

[7] Cf. *Código de Direito Canônico*, cân. 927; CONG. PARA A DOUTRINA DA FÉ. Carta aos bispos da Igreja católica e aos outros Ordinários e hierarcas interessados: sobre os delitos mais graves reservados à Congregação para a Doutrina da Fé: AAS 93 (2001), p. 786.

3. Outros abusos

174. Além disso, as ações cometidas contra tais normas, que são tratadas em outros lugares nesta Instrução e nas normas estabelecidas pelo direito, não devem ser consideradas com leviandade, mas arroladas entre os outros abusos a serem evitados e corrigidos com solicitude.

175. Tudo o que foi exposto nesta Instrução, como fica claro, não traz todas as violações contra a Igreja e a sua disciplina, tais como são definidas nos cânones, nas leis litúrgicas e nas outras normas da Igreja segundo a doutrina do magistério ou a sã tradição. Se qualquer erro for cometido, deverá ser corrigido de acordo com o direito.

4. O bispo diocesano

176. O bispo diocesano, "sendo o principal dispensador dos mistérios de Deus, esforce-se continuamente para que os fiéis confiados a seus cuidados cresçam na graça mediante a celebração dos sacramentos e conheçam e vivam o mistério pascal".[8] Compete a ele, "dentro dos limites de sua competência, dar normas relativas à liturgia, às quais todos estão obrigados".[9]

177. "Devendo defender a unidade da Igreja universal, o bispo é obrigado a promover a disciplina comum a toda a Igreja e, por isso, urgir a observância de todas as leis

---

[8] *Código de Direito Canônico,* cân. 387.
[9] Ibidem, cân. 838, § 4.

eclesiásticas. Vigie para que não se introduzam abusos na disciplina eclesiástica, principalmente no ministério da Palavra, na celebração dos sacramentos e sacramentais e no culto de Deus e dos santos".[10]

178. Portanto, toda vez que o Ordinário do lugar ou de um Instituto religioso ou de uma Sociedade de vida apostólica tenha notícia, ao menos verossímil, a respeito de um delito ou de um abuso sobre a Santíssima Eucaristia, averigúe com cautela, pessoalmente ou mediante um outro clérigo idôneo, as circunstâncias e a imputabilidade.

179. Os delitos contra a fé e os *graviora delicta* cometidos durante a celebração da Eucaristia e dos outros sacramentos sejam comunicados sem demora à Congregação para a Doutrina da Fé, que os examinará "e, diante da ocorrência, declarará ou infligirá as sanções canônicas de acordo com o direito, seja comum seja próprio".[11]

180. Diversamente, o Ordinário proceda de acordo com os sagrados cânones, aplicando, quando for o caso, as penas canônicas e tendo presente de modo particular o que é estabelecido pelo cân. 1326. Em se tratando de ações graves, informe a Congregação para o Culto Divino e a Disciplina dos Sacramentos.

---

[10] Ibidem, cân. 392.
[11] JOÃO PAULO II. Constituição apostólica *Pastor bonus*, art. 52: AAS 80 (1988), p. 874.

5. A Sé apostólica

181. Toda vez que a Congregação para o Culto Divino e a Disciplina dos Sacramentos tiver notícia, ao menos verossímil, de um delito ou abuso relativo à Santíssima Eucaristia, informará o Ordinário, para que ele averigúe o fato. Se este for grave, o Ordinário enviará o mais rápido possível ao mesmo dicastério um exemplar dos atos relativos à averiguação feita e, eventualmente, sobre a pena infligida.

182. Nos casos de maior dificuldade, o Ordinário não descuide, para o bem da Igreja universal, de cuja solicitude ele também participa em virtude da sagrada Ordenação, de tratar a questão após ter consultado o parecer da Congregação para o Culto Divino e a Disciplina dos Sacramentos. De sua parte, tal Congregação, em virtude das faculdades a ela concedidas pelo Romano Pontífice, auxiliará o Ordinário conforme o caso, concedendo-lhe as necessárias dispensas[12] ou comunicando-lhe instruções e prescrições, às quais ele obedeça com diligência.

6. Comunicações de abusos em matéria litúrgica

183. De modo absolutamente particular, segundo as possibilidades, todos procurem fazer com que o Santíssimo Sacramento da Eucaristia seja preservado de qualquer forma de irreverência e aberração, e todos os abusos sejam

---

[12] Cf. ibidem, n. 63: AAS 80 (1988), p. 876.

totalmente corrigidos. Essa é tarefa de máxima importância para todos e para cada um, e todos são obrigados a realizar tal obra, sem nenhum favoritismo.

184. Todo católico, seja sacerdote, diácono ou fiel leigo, tem o direito de apresentar queixa contra abuso litúrgico ao bispo diocesano ou Ordinário competente àquele equiparado pelo direito ou à Sé apostólica em virtude do primado do Romano Pontífice.[13] Entretanto, é bom que a comunicação ou a queixa seja, no que for possível, apresentada primeiramente ao bispo diocesano. Faça-se isso sempre em espírito de verdade e caridade.

---

[13] Cf. *Código de Direito Canônico*, cân. 1417, § 1.

Conclusão

185. "Aos germes de desagregação tão enraizados na humanidade por causa do pecado, como demonstra a experiência cotidiana, contrapõe-se a força geradora de unidade do corpo de Cristo. A Eucaristia, construindo a Igreja, cria por isso mesmo comunidade entre os homens".[1] Portanto, esta Congregação para o Culto Divino e a Disciplina dos Sacramentos deseja que, também por meio da atenta aplicação de tudo que foi lembrado nesta Instrução, a fragilidade humana impeça o menos possível a ação do Santíssimo Sacramento da Eucaristia e — removida toda irregularidade, evitado qualquer uso reprovado, por intercessão da Bem-aventurada Virgem Maria, "mulher eucarística"[2] — a presença salvífica de Cristo no Sacramento do seu Corpo e do seu Sangue resplandeça sobre todos os homens.

186. Todos os fiéis participem, segundo as possibilidades, plena, consciente e ativamente da Santíssima Eucaristia,[3] a venerem de todo o coração na devoção e na vida. Os bispos, os sacerdotes e os diáconos, no exercício do sagrado ministério, se interroguem em consciência sobre a

---

[1] JOÃO PAULO II. Carta encíclica *Ecclesia de Eucharistia*, n. 24: AAS 95 (2003), p. 449.

[2] Ibidem, nn. 53-58: AAS 95 (2003), pp. 469-472.

[3] Cf. CONC. ECUM. VATICANO II. Constituição sobre a sagrada liturgia *Sacrosanctum Concilium*, n. 14; cf. também nn. 11, 41 e 48.

autenticidade e a fidelidade das ações por eles realizadas em nome de Cristo e da Igreja na celebração da sagrada liturgia. Todo ministro sagrado se interrogue, também na verdade, se respeitou os direitos dos fiéis leigos, que se entregam a si e seus filhos a ele com confiança, na convicção de que todos exercem corretamente em prol dos fiéis as funções que a Igreja, por mandato de Cristo, procura realizar ao celebrar a sagrada Liturgia.[4] De fato, cada um lembre-se sempre de que é servidor da sagrada liturgia.[5]

Não obstante qualquer coisa em contrário.

Esta Instrução, redigida, por disposição do Sumo Pontífice João Paulo II, pela Congregação para o Culto Divino e a Disciplina dos Sacramentos em entendimento com a Congregação para a Doutrina da Fé, foi aprovada pelo mesmo Pontífice em 19 de março de 2004, na solenidade de são José, o qual decidiu pela sua publicação e imediata observância por parte de todos aqueles aos quais compete.

Roma, Congregação para o Culto Divino e a Disciplina dos Sacramentos, 25 de março de 2004, na solenidade da Anunciação do Senhor.

† *Card. Francis Arinze*
Prefeito
† *Domenico Sorrentino*
Arcebispo Secretário

---

[4] Cf. S. Tomás de Aquino. *Summa Theologica*, III, q. 64, a. 9 ad primum.
[5] Cf. Missale Romanum. Institutio Generalis, n. 24.

Sumário

Proêmio 5

CAPÍTULO I
A REGULAMENTAÇÃO DA SAGRADA LITURGIA 15
1. O bispo diocesano, grande sacerdote do seu rebanho 16
2. As Conferências dos Bispos 20
3. Os sacerdotes 22
4. Os diáconos 25

CAPÍTULO II
A PARTICIPAÇÃO DOS FIÉIS LEIGOS
NA CELEBRAÇÃO DA EUCARISTIA 27
1. Uma participação ativa e consciente 27
2. As funções dos fiéis leigos na celebração da missa 33

CAPÍTULO III
A CORRETA CELEBRAÇÃO DA SANTA MISSA 37
1. A matéria da Santíssima Eucaristia 37
2. A oração eucarística 38
3. As outras partes da Missa 40
4. A união dos diversos ritos a partir
da celebração da missa 48

CAPÍTULO IV
A SANTA COMUNHÃO 51
1. Disposições para receber a santa comunhão 51
2. A distribuição da santa comunhão 55
3. A comunhão dos sacerdotes 58
4. A comunhão sob as duas espécies 58

Capítulo V
OUTROS ASPECTOS REFERENTES À EUCARISTIA 63
1. O lugar da celebração da santa missa 63
2. Diversas circunstâncias relativas à santa missa 63
3. Os vasos sagrados 66
4. As vestes litúrgicas 68

Capítulo VI
A CONSERVAÇÃO DA SANTÍSSIMA EUCARISTIA
E O SEU CULTO FORA DA MISSA 71
1. A conservação da Santíssima Eucaristia 71
2. Algumas formas de culto da Santíssima Eucaristia
fora da missa 73
3. As procissões e os congressos eucarísticos 77

Capítulo VII
AS FUNÇÕES EXTRAORDINÁRIAS
DOS FIÉIS LEIGOS 79
1. O ministro extraordinário da sagrada comunhão 82
2. A pregação 85
3. As celebrações particulares que são feitas
na ausência do sacerdote 85
4. Aqueles que foram destituídos do estado clerical 89

Capítulo VIII
OS REMÉDIOS 91
1. Graviora delicta 92
2. Atos graves 93
3. Outros abusos 94
4. O bispo diocesano 94
5. A Sé apostólica 96
6. Comunicações de abusos em matéria litúrgica 96

Conclusão 99

Rua Dona Inácia Uchoa, 62
04110-020 – São Paulo – SP (Brasil)
Tel.: (11) 2125-3500
paulinas.com.br – editora@paulinas.com.br
Telemarketing e SAC: 0800-7010081